国家出版基金项目
NATIONAL PUBLICATION FOUNDATION

# 中國貨幣沿革史

侯厚培◎著

山西出版傳媒集團
山西人民出版社

**圖書在版編目(CIP)數據**

中國貨幣沿革史 /侯厚培著. -太原: 山西人民出版社，2014.12
(近代名家散佚學術著作叢刊 / 許嘉璐主編)
ISBN 978-7-203-08802-8

Ⅰ. ①中… Ⅱ. ①侯… Ⅲ. ①貨幣史－研究－中國 Ⅳ. ①F822.9

中國版本圖書館CIP數據核字(2014)第234722號

**中國貨幣沿革史**

主　　編　許嘉璐
著　　者　侯厚培
責任編輯　梁晉華
助理編輯　張　潔

出 版 者　山西出版傳媒集團·山西人民出版社
地　　址　太原市建設南路21號
郵　　編　030012
發行營銷　0351－4922220　4955996　4956039
　　　　　0351－4922127(傳真)　4956038(郵購)
E－mail　sxskcb@163.com　發行部
　　　　　sxskcb@126.com　總編室
網　　址　www.sxskcb.com

經 銷 者　山西出版傳媒集團·山西人民出版社
承 印 廠　山西出版傳媒集團·山西人民印刷有限責任公司

開　　本　700mm×970mm　1/16
印　　張　11.5
字　　數　86千字
印　　數　1—3000冊
版　　次　2014年12月　第一版
印　　次　2014年12月　第一次印刷
書　　號　ISBN 978-7-203-08802-8
定　　價　25.00圓

# 《近代名家散佚學術著作叢刊》編委會

# 出版説明

近代名家散佚學術著作叢刊選取一九四九年以後未再刊行之近代名家學術著作共一百二十册，編例如次：

一、本叢書遴選之著作在相關學術領域具有一定的代表性，在學術研究方向、方法上獨具特色。

二、爲避免重新排印時出錯，本叢書原本原貌影印出版。影印之底本皆經專家組審定，原書字體大小，排版格式均未做大的改變，原書之序言、附注皆予保留。

三、本叢書分爲八大類，以作者生卒年編次。

四、爲使叢書體例一致，本叢書前言後記均采用繁體字排版。

五、個别頁碼較少的版本，爲方便裝幀和閱讀，進行了合訂。

六、少數學術著作原書内容有個别破損之處，編者以不改變版本内容爲前提，部分進行修補，難以修復之處保留缺損原狀。

七、原版書中個别錯訛之處，皆照原樣影印，未做修改。

八、所選版本之抽印本頁碼標注，起始至所終頁碼均照原樣影印，未重新編排標注新頁碼。

由於叢書規模較大，不足之處，殷切期待方家指正。

# 總序／

## 披沙瀝金，以爲鏡鑒

◇許嘉璐

多年來有一個問題始終在我腦中盤桓：爲什麽在十九世紀末到二十世紀初，在短短的幾十年裏，中國的各個學術領域竟涌現了那麽多大師級的人物？這是中國近代史上一個極爲重要的現象，我認爲，如果不能給出令人滿意的答案，我們撰寫的近代學術史將是不完整的，甚至是缺乏靈魂的。後來我知道，著名人類學家克羅伯曾提出過一個問題：爲什麽天才成群地來？看來這種現象的出現並非中國所獨有，思考其所以然的也大有人在。而在那一次世紀之交中國的情况，似乎應驗了「天才成群地來」這個令克氏久久不解的疑問。錢學森先生曾從相反的方向提出了相同的疑問：爲什麽我們這個時代出現不了杰出人才？後來人們稱這個問題爲「錢學森之謎」。

要回答這些疑問不是件容易的事。與其迅速地囫圇地探尋，不如先多了解那些讓中國近代學術（應該包括人文科學和自然科學）史上閃耀着光輝的大師們的作品和自述，從而在腦海里盡量「復原」他們所處的環境和在那種環境下的心理路徑，從中或許可以得到一些啓示。

有一點是顯然的，這就是他們雖然都已遠離塵世而去，但是他們獨立思考的品性、求知治學的真誠、困厄窮愁中對節操的堅守，恐怕是他們共同的主觀因素，一直影響到現在，而且將會永遠留存下去。

就思想界、學術界而言，二十世紀上半葉是一個新説和舊説碰撞，中學和西學融匯的大時代。那時的學人極爲重視言行操守，同時具備現代知識分子的理想信念；他們的學術研究十分純净，絶少功利因素；他們的視界開闊，以包容的心態和嚴謹的風格造就了成果的大氣與厚重。至於在客觀因素一面，他們實際是在用工業化時代的事實解說着太史公所說的名山之作「大抵聖賢發憤之所爲作」，困厄苦難使得他們「皆意有所鬱結」。這種鬱結，幾乎和個人的名利毫無牽涉，他們永遠不能釋懷的，是民族的存亡、國運的興衰、民衆的福禍和文脈的續斷。

那個時代也是近代歷史上最大規模的中西古今學術調適、創新的時期，學術方法上的交互滲透和融合、創新亦可謂「於斯爲盛」。斯時之學人是要在封閉的屋墻上鑿出窗子的勇士，是使人能够看看外部世界的第一批導夫先路者；或者可以說，他們是在「意有所鬱結」時「彷徨」和「吶喊」的「狂人」。

相對於那時的哲人們，後來者是幸運兒。現在的形勢是，近三十年來學界空前繁榮，衆多學科有了長足之進，其中很重要的一點是學界有了更新穎、更廣闊的國際視野，似乎接續上了百年前的學壇盛事。但細想想，「古」與「今」還是有差别的。其异，主要不在於世界情勢、學術進展、工具改善這些客觀存在，而在於在廣泛吸收各國優長的同時，自身文化的主體性越來越受到重視，換言之，「拿來主義」已經延長了「拿來」的程序，加上了試用、甄别、篩選、吸收、融合、成長。就我孤陋所見，在當今地球上，面向所有異質文明，努力汲取我之所缺，其範圍之大和心態之切，似乎無出中國之右者。從這個角度說，我們已經超越了前輩。但是事情還有另外一面，學術，特别是人文學科，其職業化、「沙龍化」和功利性，以及隨之而來的浮躁病却嚴重了。從這個角度說，是不是我們已經後退得够可以的了？而這是不是我們這個時代出不了大師的原因之一呢？

民國學術界的特點之一是極爲注重對傳統的反省、批判與繼承。他們對傳統文化盡最大的努力進行整理和研究。一方面，由於戰亂頻仍，民不聊生，學者們擔起了讓中華文化薪火相傳的歷史責任；另一方面，他們要通過對中國傳統文化的整理、挖掘來重振民族自信心。這一時期對傳統文化進行整理的全面而深入是前所未有的，舉凡文字學、語言學、經濟學、法學、哲學、政治制度、書法繪畫、金石學……規模之宏大，研究之精微，令人嘆爲觀止。

民國學術推動了現代學科體系的建立。在對傳統文化整理和研究的基礎上，吸收西方的文化思想和理念，推動和建立了中國現代學科體系。例如，在對語言文字和音韵學成果進行整理、研究的基礎上開始着手規範之，建立了國語學；深入研究書法、國畫，將其融入了現代美術學科；在廢除舊有學制後逐步建立起小、中、大學較完整的科目和學科體系。

民國學術也改變了傳統學術方式，建立了新的研究範式。以現代科學考古爲發端，科研的實踐和成果使中國知識界真正認識到在實驗、比較基礎上的邏輯分析對學術研究的重要，推進了中國學術的一大演變。至於我們常説的打破士大夫傳統、走出書齋到田野鄉村和市民中進行調查研究、結束了經學時代、以歷史眼光檢視儒學和諸子等等，都是確立新學術範式的努力。這一轉變，也標誌着中國學術界脱胎换骨，全面進入了現代，爲此後的學術發展奠定了堅實的基礎。當然，西方啓蒙運動以來，在「現代性」和「現代化」裏潛伏着的缺陷和謬誤也傳到了中國，這些不能不在前哲的著作裏留下痕迹。這並不奇怪。類似的情况，古往今來孰能免之？猶如今天的我們，誰敢自稱我之所見就是永恒的真理？在這個問題上兩個時代所異者，或許就在昔時大家創立新説或譯註西學著作，往往是懷着對學術和前哲的敬畏而爲之，故而常常誤不在我；當今則往往出於對學問和他人的輕蔑，或以所研究的對象爲謀己的工具，因而難辭主觀之咎吧。翻閲他們的心血之作，這些復雜的狀况可以顯見，可以視之爲我們的一面鏡子。

滄海桑田，世事變幻，歷史的動盪和時代的遮蔽，使當年許多大師的一些極有價值的學術著作被棄於故紙堆中，不能不令人有遺珠之憾。爲此，山西人民出版社不惜以數年之艱辛，披沙瀝金，編輯出版這套近代名家散佚學術著作叢刊，凡一百二十册，計文學、史學、政治與法律、美學與文藝理論、民族風俗、宗教與哲學、經濟、語言文獻共八大類别。所選皆爲作者之純學術著作，無論是其見解、精神，抑或是其時代烙印，都是後輩學人可資借鑒的寶貴財富。他們出版這套叢書，意在讓世人不忘來程，知篳路藍縷之不易，爲民族文化的傳承再增薪木。

出版社的初衷，與我近年來所思所慮近似，故願略述淺見於書端，以與策劃者、編輯者和讀者共勉。

二〇一四年七月六日

改定於自安東回京途中

# 前言／精神、历史与事实

◇樊綱

中國古代不乏有趣和重要的經濟思想，但是就形成知識體係的理論或「學説」而言，中國現代經濟學的發展是從嚴復一九〇一年引進翻譯出版英國人亞當·斯密的國富論（一七七六）（當時譯爲原富）開始的。就是説，是從學習西方開始的。也屬於一個落後國家學習與追趕發達國家過程的一個組成部分。

從原富出版（以至更早時期天演論的翻譯和出版），到辛亥革命前後至五四運動時期，中國應該説是發生了第一次思想解放的進程，也就是中國的啓蒙運動，學習研究西方發達國家的科學技術、政治社會理論和人文思想，進入了一個新的時期。在大約半個世紀的時間裏，「大師」成批地出現，進入了一個學術研究的繁榮時期。除了大量翻譯西方的著作，中國人自己的經濟學研究力量也逐步形成，並逐步運用現代的理論和方法，來研究中國的社會、中國的經濟，用現代方法進行的實地調查研究，也多有發生。雖然有連續不斷的内戰和抗日戰爭，學術研究却仍在繼續，陸續出版了許多專著和論文。我們這些在「文化大革命」後才進入學術領域的後人經常會好奇：那麽一個戰亂的時代，那些前輩怎麽還在做研究？怎麽還能做研究？每當看到一本那個時代出版的泛黄的「故紙」，一定是仰慕之情油然而生。

也許正是因爲戰亂，因爲當時的落後與貧窮，許多著作出版了，又散落了。有的没有得到應有的傳播，有的研究被打斷，無法産生大的影響。現在山西人民出版社將一些不大爲人所知和没有再印的散佚經濟學著作收集出版，既是拯救，也是發揚。用現在的眼光看，有的著作也許「淺顯」，但這些著作的價值和從中我們可以學到的，其實首先在於以下的一些東西：第一是精神，那種不求世俗功利，出自好奇心在亂世中探索真理的風骨；第二是歷史，我們中國人的思想史，我們現在學的這些東西是如何從外面舶來而在中國的土壤上生根和發展的；第三是事實，是那一輩學者在艱苦的環境下記録下來的當時和以往的事件與史料，這些已經不可復得，但却是我們在研究近現代中國經濟發展的整個進程時不可或缺的。

一代人有一代人的使命，也有一代人的局限。翻閲古籍，令我們思考我們能爲這個國家、這個民族、這個世界留下哪些遺産，我們的後輩將如何評價我們？

二〇一四年八月二十一日 寫於深圳

# 作者簡介

侯厚培，民國著名經濟學家，曾在國立中央研究院辦公處工作，和王國維是同事。侯厚培及他的兩弟，都是合作理論的重要研究者和介紹者。一九二〇年冬，由侯厚培、譚天愚等教授推動下發起，成立「湖南合作期成社」。該社以研究和提倡合作爲主旨，并制定了社章和宣言，對傳播西方合作思想，做了不少工作，後來由于社員離散而停頓。抗戰期間，于艱難困頓中完成了中國幣制改革問題（專著），概述了中國清末至抗戰前的幣制改革。主要著作有：中國貨幣制度之沿革、中國國際貿易小史、五口通商以前之中國國際貿易、信用合作ABC、六十五年來中國國際貿易統計等。

# 序

去年十一月中國經濟學社在上海開年會，有一天邀請滬上知名之士聚餐，席間來賓胡適之先生演說，略謂中國經濟學社成立已有年日，而關於中國經濟史之著作，尙付闕如，未免令人失望。我對於胡先生這種責難是認爲很正當的。不過中國經濟全史一書，談何容易！我們必須先從各部中國經濟史做起，然後再把各部彙集攏來成爲一部中國經濟全史才行。現在吾友侯君厚培本其在北京清華學校做助教時研究之所得，著成中國貨幣沿革史一書，都四萬餘字，求正於予，這正是我所寤寐求之的一部關於中國經濟史的著作。我披讀之下，覺其材料之豐富，引證之確博，的確是關於中國貨幣史的一個佳著。所以我樂爲之序，以介紹於國人。

李權時識於滬濱。

民國十七年九月九日

# 例言

一　吾國貨幣制度，自古卽有規定。幣材種類，極爲繁多。如貝，如龜，如帛，如珠，如玉，如金，如銀，如銅，如鐵等，均用爲流通之貨幣，作交易之媒介，價值之標準。唯其中最重要最長久者，莫過於金銀銅三種。大抵金銀，自古卽爲吾國之主要貨幣。魏晉以前，盛行黃金。魏晉以後，通用銀兩，已爲定論。銅錢則爲主要之輔幣，流行至數千年，本書卽注重金銀幣及銅幣二種，分篇敍述。

二　紙幣爲今日貨幣制度中最重要之一種。吾國紙幣，始於唐之飛錢。宋元以降，紙幣尤爲發達。故另立一篇，摘要述之。

三　貨幣問題，至爲複雜。本書所述，僅金銀幣銅幣紙幣三種歷史上之沿革及現代之大略情形。至於理論方面，如本位問題，單位問題，廢兩改元問題，造幣廠問題等，均未能涉及。

四　吾國古籍，錯字層出疊見。而近代情形，又無確實可靠之統計。本書所據材料，雖曾彼此互校，以貲考證，然差誤之處，自所難免，閱者進而教之，幸甚！

十七年九月編者識

# 目次

# 中國貨幣沿革史

## 第一編　金銀貨幣

### 第一章　金銀貨幣之起源

談吾國之貨幣史者，多謂吾國沿古以來，均用銅幣。銅幣實爲吾國數千年來之唯一規定交易媒介品，其實金銀兩幣，亦占極重要之位置，與銅幣不相上下，而爲時且較銅幣爲早。自唐虞三代以降，金銀即已盛行。周成王十三年，（紀元前一〇九一）立九府圜法時，黃金即已正式法定爲交易媒介物之一種。秦時，分幣制爲二等：以黃金爲上幣，銅錢爲下幣，亦有正式之規定。自周末至漢，爲黃金盛行之時代，爲其時之主要貨幣，銅錢不過其附屬品，故葉水心之論錢幣制度，（策學備纂）謂：「古者以玉爲服飾，以龜爲寶，以金銀爲幣，錢只處其一，朝廷大用度，大賜予，盡用黃金」。可見黃金之爲主幣，早有明文規定矣。西漢以後，多以銅錢流通，宣元時代，黃金漸盡，唯亦間有用爲貨幣者。南北朝時，有金銀錢。唐代金銀，尙可作納賦稅上供之用，民間亦能行使，唯價値甚貴，非普通交易之流通品耳。宋金兩朝，用銀最盛，且有謂吾國之用銀，始於宋金者，如于愼行穀山筆麈賦幣條，謂：「宋始用白金及錢，間以交子」。顧炎武日知錄銀條謂：「金哀宗正大間，民間但以銀市易，此今日上下用銀之始」。均明白表示其時用銀之盛。元明時代，銀兩尤爲通行，迄於近代，銀銅並行，故吾國數千年來，金銀兩者，早爲法定之流通貨幣。漢魏以前，黃金最盛；漢魏以後，用銀最多，皇朝通考所謂魏晉以前，以黃金爲通行之幣，魏晉以後，以白金爲通行之幣，即表示金銀兩者，自古卽爲法幣，與銅錢互相流轉也。玆取其沿革情形，分代述之於後，

## 第二章　秦以前之金銀行使

周代以前，金銀卽巳正式規定爲流通貨幣之一種，其時交易媒介物之種類甚多。有珠玉，有黃金，有刀布，以質言之，則黃金（金）爲上，白金（銀）爲中，赤金（銅）爲下。故太史公謂虞夏之幣，金爲三品，或黃，或白，或赤，其他則爲錢，爲布，爲刀，爲龜貝。史記平準書，謂古者皮幣，諸侯以聘享，金有三等，黃金爲上，白金爲中，赤金爲下。管子國蓄篇，謂先王以珠玉爲上幣，黃金爲中幣，刀布爲下幣，均明白表示黃金白金爲其時貨幣之一種。故金銀之用爲貨幣，久巳與刀布同時，尙在圜法以前也，

太公爲周立九府圜法。黃金方寸，而重一斤，錢圜函方，輕重以銖，蓋其時制度，黃金與銅錢並用，均爲合法之流通貨幣。沿周一代，黃金均爲通用之品，如國語公子夷吾：「黃金四十鎰，白玉之珩六雙，不敢當公子」。大夫種之「願以金玉子女，賂君之辱」。戰國策東周惠公條：「趙取周之祭地，周君患之，告於鄭朝，鄭朝曰：君勿患也，臣請以三十金，復取之」。均通用黃金之記載，此外如游說諸侯

，國際禮聘，亦莫不以黃金白璧爲必要之具，齊太公時，又有所謂沂州銀刀者，亦爲其時刀布幣之一種。（嘉祐雜志載王公和學士罷沂州，得銀刀一，有齊太公吉九字，見泉幣圖說。）秦時，併吞六國，兼有天下，幣分二等，黃金以鎰計，爲上幣，銅錢次之，質如周錢，其制與周相等。

## 第三章 西漢之用金時代

西漢時，爲吾國貨幣史上用黃金最盛之時代，但以黃金爲主幣。其最著者，莫過於賞賜一途。如惠帝紀：「視作斥土者，將軍四十金，二千石，二十金，六百石以上，六金，五百石以上，至佐史，二金」。文帝本紀：「賜太尉勃金五千斤，丞相王，將軍嬰，金二千斤」，東方朔傳：「賜黃金百斤」，夏侯勝傳：「賜黃金百斤」，馮奉世傳：「賜黃金六十斤」，疏廣傳：「加賜黃金十斤」，宣帝賜霍光至七千斤等。迄王莽時止，此項記載極多，賞賜臣下，動輒以數百斤計。三五十斤者，不可勝數。而富豪之藏金者，多至數十萬斤。如梁孝王死，藏府餘黃金四十餘萬斤。是時黃金之富，可謂盛矣。

而其時貨物，亦以黃金估計價值。如東方朔傳：「酆鎬之間，號爲土膏。其賈畝一金」。而王莽末，天下旱蝗，黃金一斤，易粟一斛，尤足爲其時民間通用黃金之一證。蓋西漢時，黃金爲盛行之交易媒介物。除小宗買賣用銅錢外，凡價值大或付出多者，均以黃金計數也。

王莽時代，貨幣初以四品並行。（大錢，契刀，錯刀，五銖錢）。其中之錯刀，卽以黃金錯其文曰一刀，直五千。卽所謂金錯刀者。（以黃金塡其文，上曰「一」，下曰「刀」），張晏謂刻之作字，以黃金塡其上，文曰「一刀」。故此尙係半金貨幣，而非眞正之金質幣。後莽以劉字有金刀，改變幣制，更造金銀龜貝錢布之品，於是金銀又正式列爲貨幣之一種。其制，金貨黃金重一兩，直萬錢，爲上品。銀貨次之，亦分爲二品：一曰朱提銀，重八兩，爲一流，直一千五百八十。（朱提縣名）二曰，乇銀，一流，直千。銀於漢初時，絕無記載，至是始正式定爲流通貨幣之一。雖武帝時，已有白金三品，（其一爲白撰，其文龍，圜形，重八兩，直三千。其二爲以重差小，形馬，直五百。其三曰復小橢形，文龜，直三百）。然幣材爲銀錫之混合物，雖名曰白金，實非純銀貨幣也。

西漢以後，用金漸少，而王莽之寶貨六品，至光武時，以五銖錢之恢復，亦廢止不用。宣元以後，黃金更稀，考金極盛於西漢，而自東漢以後，漸趨稀少之原因，約有數端。其最要者，則爲流入美術裝飾之一途。玆述之於下：

一、明帝以後，佛老之教盛行，關於佛像，土木，建築之飾，多用黃金。

二、東漢以來，人民漸習於奢侈，無復文景時代節儉之風尙，服飾改用黃金者，頗多。

三、東漢以來，人主漸趨奢侈，宮室土木，耗金亦不少。

四、文景之世，天下大治，物價低賤，府庫充實，京師之錢，貫朽而不可校。以是黃金價低，（以斤計數）流行普遍，東漢以來，曆經亂世，黃金價貴，　是人民均樂於窖藏。

五、王莽濫鑄銅錢劣幣，惡貨幣驅逐良貨幣，以是價值較高之金貨，咸絕跡於市場。

以上五者，均可爲西漢以後，黃金不能盛行之主要原因。自是以後，黃金雖亦間有行用者，然遠不及此時之盛矣。

## 第四章　晉隋間之金銀行使

漢末，黃金雖已稀少，然用爲賞賜者，亦常見於典籍。如獻帝紀：「建安九年，十二月，賜三公已下金帛，各有差」。朱儁傳：「以功封都亭侯，千五百戶，賜黃金五十斤」。昭烈帝得益州，賜諸葛亮法正關羽張飛金各五百斤，銀千斤等，均其例。晉時，黃金亦有用爲賞賜者。晉書束皙傳：「帝大悅，賜皙金五十斤」。元帝紀：「帝傳檄曰：有能梟石季龍首者，賞絹二千匹，金五十斤」。羊侃傳：「有詔送金五千兩，銀萬兩，以賜戰士」。唯此時賞賜，均在數十斤之內，蓋黃金已漸視爲稀有之物矣。

銀於晉時似已代金而起，流行民間，估計物價，唯大都尙作貴重之貨幣使用。晉書石勒傳上：「勒既還襄國，襄國大饑。穀二升，値銀二斤；肉一斤，値銀一兩」。卽其時民間用銀兩之明證。南北朝至隋，金銀亦同爲頒賞戰士之用。蕭摩訶傳：「後主多出金帛，頒諸軍」。魏書豆岱傳：「以戰功賜奴婢十五口，黃金百斤，銀百斤」。抱嶷傳：「賜黃金八十斤」。隋書梁睿傳：「劍南悉平，賜奴婢一千口，金二千兩，銀三千兩」。楊素傳：「賜物二千段，黃金百斤」。崔仲芳傳：「賜奴婢一百三十口，黃金三十斤」。均其明例也。而其時交州廣州一帶邊地，已全以金銀交易，買賣貨物，唯中土尙未若是之盛行耳。

南北朝時，最可爲吾人注意者，則爲金銀錢之行使。南史呂僧珍傳「僧珍生子，季雅往賀。署函曰：錢一千。僧珍疑其故，親自發，乃金錢也」。可見是時金貨已鑄成爲錢，且已行用於民間。史籍中之載有金銀錢者，似亦以此時爲最早。此後金錢銀錢，常見於載籍。周書李賢傳：「賜衣一襲，銀錢一萬」。隋書楊素傳：「拜素子玄獎爲儀同，加以銀瓶，實以金錢」，而隋時，金銀錢，且多有由外夷流入，而通用之者，唯多在邊境各地。隋書食貨志，所謂：「河西諸郡，或用西域金銀之錢」者，是也。

## 第五章　唐宋兩代之金銀貨幣

唐宋兩代之金銀貨幣，除賞賜以外，且作上供，進獻，餽贈，懸賞，納稅，軍費，旅行，賄賂之用。宋代，且以付百官之俸給，而以銀爲最盛行。蓋此時金銀兩者，已爲民間普遍流行之貨幣。且爲國家法定交易媒介物之一種。黃宗義明夷待訪錄財計條謂：「唐時，大曆時，嶺南用銀之外，雜以金錫」。又謂：「宋元豐十二年，蔡京當國，凡以金銀絲帛等貿易，勿受夾錫錢者，以法懲治」。是明言：其時金銀已爲貨幣作民間交易之用矣。其可證者，甚多：

一、金銀可置田園財產　唐鄭還古博異志：「天寶中，有陳仲躬攜數千金於洛陽清花里，假居一宅」。

二、金銀可作物價之估值　朝野僉載卷六，謂：「太宗賞賜長孫無忌，七寶帶，直千金」。又張彥遠歷代名畫記卷二，謂：「屏風一片，値金二萬，次者，售一萬五千」。又則天朝：「以集翠裘賜張昌宗，與狄梁公雙陸，謂此裘，價逾千金」。均以金作價値標準之明證也。

三、金銀爲民間一般交易之用　唐趙璘因話錄卷三，謂：「范陽盧仲元罷選，持金鬻於揚州，時遇金貴，兩獲八千」。宋徐鉉稽神錄，卷三，謂：「浦城人少死於路，家有金一斤，其婦匿之，逾年忽歸，握刀責其妻曰：我死，有金，爾何以不供母而自藏耶」？又東坡尺牘有與參寥書，以銀二兩，託致茶果，奠辯才。與范元長書，以銀五兩，爲秦少游齋僧，尤足爲宋時民間以銀兩爲流通貨幣之確證。

此外各種用途，亦分舉一二例於下：

一、賄賂　朝野僉載卷三，載：「唐張昌儀爲洛陽令，借易之權勢，屬官無不允者。有一人，姓薛，賫金五十兩，遮而奉之」。

二、餽贈　宋王讜唐語林卷一，德行條：「杜太保宣簡公，大曆中有故人遺黃金百兩」。續資治通鑑長編卷十二：「太祖開寶四年，江南國主煜，先是以銀五萬兩，遺宰相趙普」。

三、懸賞　天寶十四載，胡羯陷落二京，以千金購昌長安洛陽外。

四、上供　唐六典戶部度支郎中條，謂：「凡金銀寶貨綾羅之屬，皆折庸調以造焉」，宋史高宗紀「紹興十八年，罷汀州諸縣上供銀」。

五、進獻　舊唐書伊慎傳：「建中末，（德宗）鹽鐵使包佶，以金幣泝江將進獻」。又德宗本紀：「貞元十七年衢州刺史鄭式瞻，進絹五千匹，銀二千兩」。

六、旅費　段成式酉陽雜俎卷十二，載：「薛平司徒常，乃夜辦裝，腰具白金數鋌」。建炎以來繫年要略卷六十三：「紹興三年，上命賜故直徽猷閣知應天府，唐淩佐金五十兩，爲道路費」。又同書，卷七十八：「紹興四年，却得礬書二張，盤纏金三兩」。

尙有最重要者：

七、以金銀納賦稅　新唐書食貨志載：「唐制，租庸調法，凡非蠶鄉得輸銀十兩，謂之調」。全唐詩王建送吳諫議上饒州，有：「稅戶應停月進銀」之句。王建爲大曆十年進士，饒州刺使，似爲鄱陽太守。中唐時，以銀納稅，自此觀之，甚爲明顯。而地在饒州，屬江西觀察使，亦非邊地也。

宋代尤多以金銀折納賦稅者。如太平興國二年，江南西路，轉運司言：「諸州蠶桑少，而金價頗低。今折稅，絹估小，而傷民，金估小，而傷官」。眞宗景德三年，詔東西川商稅，鹽酒課利，所納一分金，宜罷之。其願納者聽。大中祥符八年，三司奏請諸路榷酒課，悉改輸銀。仁宗慶曆以前，邛州鹽井，歲額，亦聽以五分折銀紬絹，景佑時平陽縣（湖南郴州屬），身丁錢，徵銀，歲輸銀二萬八千兩。蓋宋時之以金銀折納租稅，遍及田賦身丁，鹽酒商稅，屢見於明令也。

八、以金銀助軍費　至於助軍費者，尤多。唐韓建獻朱全忠銀三萬兩，助軍費。憲宗元和時，出內庫絹布六千九萬段匹，銀五千兩，付度支供軍，均其例也。

此外關於金銀作貨幣之證例，甚多。以宋代爲尤普遍，每年歲計，大都金銀錢並提。如太宗至道末，歲出入數字，邦國內外，一歲之費：

錢　一千六百九十三萬餘貫

金　一萬四千八百七十兩

銀　六十二萬餘兩

而國家一般經費，如百官俸給等，亦多以金銀付給。如淳熙中，每歲由左藏庫支出三衙及百官俸給內，錢一千五百五十八萬餘緡，銀二百九十三萬餘兩，金八千四百餘兩。而周密武林舊事，卷四，乾淳教坊樂部條，亦載有支工銀之名單，每人月銀一十兩。若是，則宋時金銀，已爲普遍流通之貨幣，毫無疑義，上自百官俸祿，下至教坊月銀，大而租稅軍費，小而旅費交易，無不以金銀支付矣。

以上爲唐宋時代金銀行使之情形；唯吾國自古以來，金錢雖久已定爲貨幣，然尙無形式上之一定規定。大都以重量計算，（如斤兩等）整散不論，不比銅錢之自古卽有圜法定式。其唯一之鑄成現代幣形，見於史籍者，則爲金銀錢。金銀錢始見於南北朝。唐宋時，亦頗盛行，且似已在民間行使。玄宗天寶十載，爲安祿山行洗兒禮，賜貴妃洗兒金銀錢。宣和錄所載：「金人入內，徑取諸庫珠寶。……上皇閤分金錢四十貫，銀錢八十貫。皇帝閤分金錢二十貫，銀錢四十貫。皇后閤分金錢十一貫，銀錢二十二貫。共計金錢七十一貫，銀錢百四十二貫」。均其時已有金錢銀錢之記載。而常新錄所載，謂：「西門季玄造二色酒。崔道旅以金銀銅錢，來酤曰：以我三樣錢，買君二色酒」。尤可爲其時金銀錢與銅錢並行，爲民間通用幣之明證。存於內庫者，且以貫計，特價值甚高，只可爲貴重幣，而非一般普通人民所能常有也。

此類爲例尚多，略舉性質胄不同者，數條於次：

周密武林舊事卷八：「宋代皇后謁廟，散付金錢銀錢二種」。

葉紹翁四朝聞見錄戊集，陀胄師旦等本末條：「遂籍其家，得金箔金二萬九千二百五十斤，金錢六十辦」。

宋張知甫張氏可書：「道君（徽宗）遜位，乘輕輿出東水門，見賣蒸餅者，於篋中取金錢十文，市一枚以食」。

續資治通鑑長篇卷四，宋太祖乾德元年：「令錢必爲文，絹帛成尺，金銀成錢」。

武林舊事卷三，西湖遊幸條：「朱靜佳六言詩……前度君王遊幸，賣魚收得金錢」。

雲仙雜記卷七，刀囊盛金錢條：「富人賈三折，夜以方囊盛金錢於腰間，微行市中，置酒呼秦聲置宴」。

以上均可證明唐末時，金銀錢之行使，已流通於民間，可以購置物品。若據唐律及泉志觀之，更可證明唐時確已鑄有金銀錢，以作流通之用。

唐律疏議卷二十六，私鑄錢條載：「若私鑄金銀等錢，不通時用者，不坐」。是反面卽係禁止民間私鑄作貨幣用途之金銀錢。卽明言其時已鑄有金銀錢，且通時用矣。

洪遵泉志，有撒帳錢：「唐中宗景龍中，特鑄此錢，用以撒帳。其銀錢則散貯絹中，金錢，則每十文卽繫以綵條」。

金銀錢之形式大小難於稽考，所可知者，則廣異記所載：「唐乾寧三年，蜀州刺使，節度參謀，李思恭得大冢，獲金錢數十枚，各重十七八銖，徑寸七八分，圓而無孔，去緣二分，有緣起規，規內兩面，各有書二十一字，其緣甚薄有刃」。乾寧爲唐昭宗時，故唐末以前之金錢，至少必有一種爲此種形式也。

此外有所謂鐵胎銀者，慕容超好聚斂，爲僞銀，以鐵爲質，而以銀包之，謂之鐵胎銀。

唐宋兩朝金銀作貨幣之行使，已述之於上。此兩朝之金銀貨幣，何以十分發達？其原因有四：

一、都市商業之發達　吾國都市商業之發達，可謂始於唐代。其時海內外交通之發展，爲從來所未有；內地如揚州，爲鹽鐵轉運使所在地，握東南財政之樞紐，商賈如織，諺有揚一益二之稱。王象之輿地紀勝謂：「自淮之西，大江之東，南至五嶺蜀漢十一路，百州遷徙貿易之人，往還皆出揚州之下。舟車日夜灌輸京師者，居天下十之七」。可知其時之盛。宋代貿易，亦極發達，江南一帶，商賈輻輳，通商口岸，有杭州廣州明州泉州密州等地，商業繁盛，都市集中，於是貨幣之需要頓增。又加以交易，均係大宗，價值甚巨。其時信用制度，尚未發達，銅錢授受，復質遠難以致遠，以是金銀，遂應其需要而爲交易之主要貨幣矣。

二、外商之增加　唐時，已置市舶，外商來華貿易者，甚多；且深入內地，長安各處，均有其足跡。而揚州一地，番客麕集，波斯胡店，往往而有。舊唐書謂：「田神功兵至揚州，大食波斯胡人死者，以數千人計」，可見外僑之不少。宋代，復以採取對外貿易之獎勵政策，外商來者，更多。賈胡尤多，有深入內地者。考西域各國，自古即以金銀爲錢。（漢書西域傳謂罽賓國以銀爲錢，文爲騎馬，安息大月氏亦同。又如後周時，河西諸郡，多用西域金銀之錢）來華時，船舶中又攜帶金銀珠寶甚多，以爲旅居應用之計。以是吾國內地之市場交易，亦受其影響，而金銀之作貨幣用，更爲流通普遍矣。

三、金銀生產之增加　出產增多，用途亦廣，此自然之理。唐宋兩代，金銀坑冶，頗爲盛行，而以銀爲最。唐時陝宣潤饒衢信五州之銀冶，有五十八所，宣饒，二州最多。稅銀之利，據貞觀時，權萬紀言，即此二州大發採之，歲可得數百萬緡。

宋時產金有五軍，產銀有三監五十一場。而至道間，金銀坑冶，歲課之數，計銀十四萬五千餘兩。天禧末，計金一萬四千餘兩，銀八十八萬三千餘兩。其中萊州一地，占金四千一百五十兩，出產增加，供給不絀，故其用途亦廣，而市場上金銀之流通，亦較爲普遍。

四、人民生活之向上　奢侈之風，上行下仿，唐宋兩代，承平日久，極爲繁華富麗。如唐之開元天寶間，宋之徽欽兩朝，宮室服用，均極窮奢極欲之能事。人民習於奢侈之風，用度漸侈，金銀一項，已非窖藏之寶物。普通平民，亦可用以爲交易之具矣。

用金最盛之地，首推長安，蓋長安爲唐代之首都，富貴之淵藪，金銀盛行，勢所必然。次之，爲嶺南、以其爲金銀出產地；而又爲其時東亞之唯一商港，故金銀之行使，極爲活動。再次，則爲揚州。揚州爲唐時之繁盛都會，或商業之中心地，番客居留者，極多。與嶺南同一情形也。

# 第六章　金朝之用銀

金代之用銀爲幣，較唐宋兩朝，爲尤顯著。故論金銀幣者，亦多謂銀幣，始於金。顧炎武日知錄銀條，謂：「金承安以後，民但以銀論價，而哀宗正大間，民間均以銀市易」。可知銀已爲金代之唯一貨幣本位，金章宗明昌三年，五月，令陝西官兵俸給，銀鈔各半。承安二年，（一一八三）以舊例用銀，每錠五十兩，其直百貫，民間有截鑿之者，其價亦低昂不一，乃改鑄銀，名承安寶貨，分一兩至十兩，分五等。每兩折錢二貫，是爲完全之銀幣。吾國歷代用銀，雖早已有之，均無一定之形式，其正式鑄銀爲幣，見於史籍者，似以此爲始。雖以前，早有金銀幣之流通，然未聞規定其大小重量制度也。泰和元年，六月，通州刺使，盧構言鈔已流行，獨銀價未平。是年，定舖馬河夫軍需等錢，須折納銀一半。宣宗興定時，又有請以銀鑄興定元寶，定值以備軍用者，唯未實行。

## 第七章　元明兩代之用銀

元時，民間金銀，已爲通用之物。如至元二十二年之詔，卽有：「金銀係民間通用之物」一語。唯二者之中，金占極少數，而銀則最爲普遍，可謂爲其時之主要貨幣。凡小宗交易，買賣酒食等，均以銀兩爲計算之單位。其證據，可求之於民間通俗瑣事之記載。如元曲選中關漢卿金線池第三折：「石府尹云：金線池是個勝景去處，我與兩錠銀子，將去下酒，做個宴席」。又桃花女第一折：「周公云：分外與你一兩銀子，買些酒肉吃」。又孟漢卿魔合羅第四折：「老相公夫人染病，這是五兩銀子，權當藥資」。又羅素郎楔子：「兄弟這兩銀子，送二位做盤纏」，諸如此類甚多。此項資料，敍述民間社會事件，可爲其時民間已普遍流行銀兩之絕好證據。又元史刑法志作僞條：「凡諸獲私造曆日者，賞銀一百兩。又捕獲僞鈔者，賞五錠。給銀不給鈔」。又至元三十一年，諸路平準交鈔庫，所貯銀九十三萬六千九百五十兩，卽等於今日發行鈔票之準備金。大德二年，中書所奏，每歲金銀鈔幣出入數，歲入金一萬九千兩，銀十萬兩，鈔三百六十萬錠，均記載其時用銀爲貨幣也。世祖至元十九年，定稅賦用金爲則，以邊境各地，如雲南則有以金，貝並行者，貝子折納，每金一錢，直貝子二十索。

元代銀兩流行特盛之原因，其一，則由於元居北方，與金接壤。入主中國，復先滅金而後亡宋，其貨幣制度，受金之影響者，極大，（金之用銀，較宋普遍）故元初卽通行銀兩。其二，則由於元代始終百餘年中，並未大鑄銅錢。僅武宗有至大通寶，亦旋起旋廢。流通之品，厥爲寶鈔；而寶鈔又幾全爲銀鈔，故銀兩遂成爲其時之主要貨幣。此外都市之發達，對外貿易之繁盛，亦爲其中之重要原因也。

明初民間交易，唯用金銀。至洪武八年，及永樂元年，以推行鈔法之故，乃禁民間不得用金銀物貨交易。宣德元年，又定交易用銀一錢者，罰鈔千貫；贓吏受銀一兩者，追鈔萬貫。用銀之禁，弛於英宗時。明史食貨志謂：「英宗卽位，弛用銀之禁，朝野率皆用銀。小者乃用錢。若是，則銀已爲其時之主幣，銅錢不過輔幣之一種耳。

銀之於明。可以折納賦稅。洪武九年，令天下稅糧，以銀鈔錢絹代輸，銀一兩，錢千文，鈔一貫，皆折米一石。十九年，又令歲解稅課，凡道遠難致者，得易金銀以進。洪武三十年，戶部定鈔一錠，折米一石。金一兩，十石。銀一兩，二石。英宗卽位，收賦有米麥折銀之令。正統中，浙江米麥四百餘萬石，折銀百萬餘兩，謂之金花銀，其後概行於天下。日知錄所謂：「折銀相傳至今，國家所收之銀，不復知其爲米矣」。

又可以輸納鹽稅。憲宗成化十三年，九月，令兩淮引鈔折銀。孝宗弘治以後，亦均收銀。弘治元年，令鈔關及戶口食鹽，均折收銀。

亦可以輸納關稅。明之各地稅課司抽分所之貨物通過稅，均可納銀。宣德以後，鈔關之船隻稅，亦多納銀。穆宗時，令南京新舊課鈔分別折銀。

復可以支付工貲薪俸。沈德符萬曆野獲編卷六，內監鏇匠載：「以善庖者，爲上等，並視其技之高下，其價昂者，每月得銀四五兩，專供烹飪使命」。又萬曆丙午刊行之四民便用博覽全書，算法門，亦以銀作工價計算。穆宗隆慶六年，在京文武官吏折俸，以十分爲率，九分支銀，一分支錢。景帝景泰三年，七月，命京官俸鈔，均准時值折銀。均其明證也。

以上爲明代用銀之制度。考元明兩代之交易媒介物，可別之爲三：一曰銀，二曰鈔，三曰銅錢。其中以銀最爲主要。鈔幣雖多行使，垂亙兩朝，然需有相當之準備金，而票面上又或爲兩，（銀之代表幣）或爲貫，（銅錢之代表幣）一如今日之紙幣制度，不能謂爲貨幣之獨立制度。銅錢，則鑄造不多，爲用極少，僅用於小宗交易，亦不過輔幣之性質。而明洪武時，又明令禁用錢，須專用鈔。所可稱爲主幣者，厥爲銀兩，故元明兩代之幣制，吾人卽斷言之爲銀本位時代，亦可也。

明時亦有金錢。萬曆野獲編載正德時：於廣寒殿樑上，發現古代金錢。一九二一年四月六日，上海城內，掘出明代金錢一袋。上有各帝年號，如洪武，（一三六八——一三九六）宣德，（一四二六——一四三五）正德，（一五〇六——一五二一）嘉靖，（一五二二——一五六六）等。中有方孔，錢名通寶，尤足爲明代鑄有金錢之確證。唯其時行使，或甚少耳。

## 第八章　清代之金銀貨幣

清代之用銀制度，可分爲銀兩，銀元，銀輔幣三種。茲分述之於下：

一、銀兩　銀兩，原爲歷代遺傳下來之制度，故清初之用銀，亦以銀兩爲主，並無他種規定之銀幣。而銀兩之行使，亦全爲元寶，碎銀，銀塊等，以秤計重量者。唯對於銀兩行使之多，則較元明兩代有過之，無不及。清代以銀爲法定之主要貨幣，爲交易之媒介物，價值之標準，自無疑義。舉凡一切田賦，關稅，雜稅，支付，無不以銀兩計算。動輒支庫銀若干萬兩，而採買銅斤物價支付，各衙門公費官俸，小之如運費脚費，亦均給銀。而順治初年，嚴申假銀及行使低銀之禁。乾隆十年，詔內有「價值多寡，原以銀爲定準」之語。皇朝通考又有「銀錢相爲表裏，以錢輔銀，大約數少則用錢，數多則用銀」之語。更可證明銀兩，確已定爲清代之主幣，銅錢不過其輔幣之一種。雖無明文規定，（以前原不知所謂幣制本位，故素無主幣輔幣之分）。然事實如此，固昭然也。

清時用銀，凡官司所發例用紋銀，商民行使，則自十成至九成八成不等。遇有交易，則皆按十成足紋遞相核算，而銀兩之名稱，亦極繁多。計雍正乾隆時代所行使者，除各項「紋銀」之外，如江南浙江，有「元絲」等銀，湖廣江西有「鹽撒」等銀，山西有「西鏪」及「水絲」等銀，四川有「土鏪」「柳鏪」及「茴香」等銀，陝甘有「元鏪」等銀，廣西有「北流」等銀，雲南貴州有「石鏪」及「茶花」等銀；此外，又有「青絲」「白絲」「單傾」「雙傾」「方鏪」「長鏪」等等名色。名稱之繁雜，即足代表其成色之不同，價值之不一，固無所謂一定之標準也。

直至乾隆五十七年，(一七九二)政府令於西藏鑄銀兩幣，分重一兩，(乾隆寶藏)一錢，及五分三種。規定銀一兩，可換一錢之幣九枚；五分之幣，十八枚。取(百分之十之鑄幣費)始有銀兩，鑄成圓法幣，以便流用之辦法。然地處邊陲，而此種小幣，又流行極少。對於中土，毫無影響也。咸豐六年，(一八五六)上海亦鑄有一兩銀幣，謂之銀餅。然不久以假冒紛起，半途而廢。咸豐十七年，(一八六七)香港造幣廠，又試鑄上海銀兩幣一種，成色爲純銀〇・九八二，重量三六・六七格林。初意以代其時上海之規元，使虛幣變爲實幣，道光中浙江亦曾鑄一兩重銀幣。光緒初年，吉林鑄有一錢，三錢，半兩，七錢，一兩，五種銀幣。光緒三十一年，(一九〇五)又於武昌試鑄六百四十八萬枚，成色純銀〇・八七七，重量，三七・三格林，均未奏效。此後光緒末年，湖北亦有銀兩幣，幣面有光緒三十九年字樣。又有大清帝國銀兩幣，一兩，五錢，二錢，一錢，數種。光緒三十三年，天津造幣廠，亦鑄北洋銀兩幣，唯均未能流通。考銀兩之行使，歷史久遠，然鑄成一定形式貨幣者，除清代以外，僅有元代之承安寶貨五種，亦不過曇花一現。清代雖有種種計畫，鑄銀爲定式之銀兩幣，欲依據其歷史上之淵源，定爲本位國幣，然卒未能收效。故清代之銀兩使用，仍爲以重量計算之元寶碎銀爲主。不過吾人所應注意者，則（一）清代之用銀兩，較元明兩代爲尤甚，已爲中國之完全主幣。銅錢，不過其附屬輔幣。大宗營業，及繳納稅額，買賣交易，均無不以銀兩計算。卽可爲吾國銀兩制度之最盛時代。（二）清代所用之銀兩，雖鑄造之圓形銀兩幣，未能流通，而銀兩之定式，則較以前爲進步。行使者大都爲五十兩之寶銀。寶銀亦經過一定之鑄造，且多經過公估局之批驗，形式一定，成色均在九三五以上。信用極佳，非比前代之漫無標準也。

二、銀元　清代之用銀，除銀兩以外，尚有銀元一種。以前用銀，均以重量計算，至是始有以「枚」計數者。（此處之所謂銀元，乃現代規定之七錢二分一定形式之銀幣。卽經過鑄造者。與以前咸豐道光時各地所鑄之純銀餅不同）。銀元之起源，當受外洋輸入之影響。明時與西南洋人通商，番船往來，沿邊貿易，廣州泉州（其時之主要國際通商地）一帶，早有銀元之流入。唯影響絕少，史書亦無記載，未引人注意耳。至清乾嘉以後，銀元始逐漸通用。乾隆九年，范廷楷所奏，謂：「內地姦商，以制錢數十文，易番銀一元，獲利甚巨」。又嘉慶時，據蔣攸銛所奏，謂：「洋錢進口，民間以其使用簡便，頗覺流通」，均洋元入口流通之記載。自是以後，外洋流入極多，荷蘭葡萄牙諸國，商船所載，每次數百萬元，至數千萬元不等。江浙閩粵各地，均暢行無阻。種類，則有大呂宋洋，（本洋）墨西哥鷹洋，香港銀元，安南銀元等。據其時記載，輸入銀元之大者，名「馬錢」，為海馬形。次曰「花邊錢」，亦有大中小三等。大者重七錢餘，中者，重三錢，小者，重一錢餘。又次曰「十字錢」。幣面刻有人面全身宮室禽獸花草之類。閩粵之人，統稱之為「番銀」或稱「花邊銀」。

銀元有一定之形式，一定之法定重量，成色，而無秤權名驗之繁，民間無不樂用，輸入大增，蔓延各地。於是道光時，兩廣總督林則徐，有請自鑄銀元之奏，唯未准行。至光緒十三年二月，以粵督張之洞之請，始開始自鑄銀元。張氏謂兩廣閩浙皖鄂，所有通商口岸，腹地如湖南四川等省，無不通行銀元。擬自粵省始，試造外洋銀元，以補漏卮。每元重漕平七錢三分，幣面鑄光緒元寶等字；凡各種支付糧餉俸祿，與錢糧，鹽課，雜稅，關稅之徵，收洋元與銀兩並用。吾國銀元之有自鑄者，自此始。自是以後，光緒二十二年，湖北試辦。二十三年，江南開始鑄造。二十四年，山東開鑄。其他如直隸浙江安徽奉天吉林等省，亦均次第鑄造。唯設局太多，漫無標準，每元成色，不能一定，反不如墨西哥洋之通行無阻。其中成色較準者，唯廣東湖北兩省所鑄。以是清廷，於光緒二十五年，又令各省需用銀元，均歸併廣東湖北兩省製造。二十九年，又令設立鑄造銀錢總廠於天津，開鑄金銀銅三種錢幣，以便劃一銀元之形式；唯以後除銅元外，均未能實行。宣統二年，度支部，始有釐訂幣制之舉。三年，令遵照則例，切實辦理，定銀元爲國幣。單位分一元，五角，二角，一角，四種。一元者，重七錢二分，內十分之九，為純銀，即純銀六錢四分八釐。即今日銀元之定式，此清代之銀元制度也。

三、銀輔幣　清代銀貨幣，除銀兩及銀元外，亦有銀輔幣之鑄造。種類有半元二角一角數種。始於光緒十六年。（一八九〇）最初開鑄者，為廣東。與大銀元同時鑄造，成色為〇．八二〇。次之，為湖北，繼乃推及他省。輔幣之鑄造，獲利極大，而流通極廣。清廷復無一定之辦法，以是各省競鑄，成色不一，生產過剩，結果銀角之市價減低。原定小銀輔幣之一角者，十枚折合銀洋一元，竟不能維持，尚須貼水；即小銀幣一角，折合銅幣十文之定議，亦不能實行。各種輔幣內，以二角者，為最多，成色則以東三省鑄為最高。而北洋之半元二角，及廣東之二角，為最劣。宣統二年，度支部奏定幣制則例時，對於銀輔幣，亦擬有辦法，唯未見諸實行耳。

吾國在魏晉以前，原以黃金為主幣。魏晉以後，銀兩興起，黃金逐漸稀少。雖間有行使者，為數已不如以前之多。蓋裝飾美術上之用途增加，而出產減少，以是黃金價貴，不能普通流通。至淸時，黃金大多作飾物美術之用，或用以窖藏。流用於民間者，殆不多見。史籍中亦無可考者。唯金幣之鑄造，則亦有之：

一、太平金幣　爲洪秀全建都南京時，所發行。（一八五〇——一八六四）每元值若干兩，幣面並未刻出。唯據估計，大約每元代表銀二十五兩上下。

二、新疆金幣　淸同治二年，（一八六二）回民於甘肅作亂，傳播各地，有 Yakub Beg 者，率兵擊回。於同治五年（一八六五）時統治全回各地。當時 Yakub Beg 採行一種新貨幣制度，其中卽有金幣，鑄造極精。上有土耳其蘇丹 Abdul Asiz 之名。金幣名 Turkestan gold tilla 。重五十八格林，每枚換本地小銀幣名 Tanga 者，二十枚。Tanga 抵中國小銅錢 pul 五十文。金幣上兩面，均有回歷一二九二年，卽西歷一八七四年，同治十三年。至光緒時，（一八八九——一九〇八）此項金幣之一錢及二錢者，尙流行於新疆各地。

三、西藏金幣　宣統時（一九〇九——一九一一）西藏亦通行一種金幣，幣面爲藏文。

## 第九章　前代金銀貨幣之形式及其單位

金銀兩者，歷朝行使，雖無一律之重量標準，然似有數種鑄成之形式。考周制，黃金方寸而重一斤。大概其時之黃金，或已鑄爲方形。戰國至秦，金以鎰計；鎰亦須經人之鑄造，唯年代久遠，無可稽考。皇朝通考謂：「古者金銀皆有定式，必鑄成幣，而後用之」。又顏師古注漢書謂：「舊金，雖以斤爲名，而官有常形」。可見從古以來，金銀貨幣，卽有一定之形式。史載漢武帝欲表祥瑞，改鑄黃金爲麟趾褭蹏之形，以易舊制。是漢時之金幣，當有爲此種形式者。其後之白選銀貨，亦卽銀幣之式。舊唐書載內庫出方圓銀二千一百七十二兩。是唐時之銀幣，當爲方圓形。又顏師古注漢書內，有謂：「漢時金有常形，亦猶今時（指本人時）吉字金鋌之類」之語。師古爲唐太宗時人，若是，則唐初之金貨形式，當有一種爲吉字金鋌也。

漢魏以降，金銀亦多有鑄成餅者，或爲餅，卽傾銀爲餅之形式，因以得名。後漢書樂羊子傳：「河南樂羊子之妻，……羊子嘗行路，得遺金一餅」。「一餅者，卽得似餅形之金一塊也。」又三國志魏嘉平五年，賜郭修子銀千餅。梁書武陵王紀：「金銀一斤爲餅，百餅爲簉，至有百簉，銀五倍之」。是南北朝時，黃金一餅之重量，似已規定爲一斤；銀一餅之重量，規定爲五斤矣。此外，亦有鑄成其他形式者：似版者，曰「版」，似笏者，曰「笏」。笏銀盛行於宋時。南唐劉崇遠金華子雜編卷下：「願以白金十笏，贖之」。夷堅甲志卷十八，李舒長條：「遺以銀一笏」。兪文豹清夜錄：「銀一笏，爲女兒嫁貲」，均其證例。笏在宋時，大約每笏重五十兩。宋元章爲吏部侍郎，徽宗令書屛風，賜銀十八笏，共九百兩；蓋每笏，五十兩也。金時，改鑄銀，名承安寶貨。一兩至十兩，分五等，卽元寶之形式。宋元以降，銀兩最普通之形式，則爲元寶，有重五十兩者，有重十兩，五兩，三兩者。每件之數，稱之爲錠。錠，卽元寶單位之稱。故五十兩鑄爲錠。重量輕者，亦爲中錠。錠以前，亦有鋌。說者謂今之稱鋌，卽古之稱鋌。唯形式或有不同。唐大詔令集卷一〇八：「開平二年，（九〇八）令所有服飾金銀器物，付有司鑄爲鋌。以供軍國」。是唐金銀早已有鑄成鋌，以許貨幣用者。又據酉陽雜俎續錄卷三，所載：「汴州百姓，趙懷正夜枕石枕，月餘，病死。妻令姪毀視之，中有金銀各一鋌，如模鑄者，鋌各長三寸餘，闊如巨指」。是鋌之形式，當爲長條形，且爲一定模形所鑄出者。

元時，元寶之種類，頗多。初入關時，（至元十三年）平宋，至揚州，得撒花銀子。丞相伯顏，銷鑄作錠，每重五十兩，行於民間，稱「揚州元寶」。至元十四年，自鑄，重四十九兩。十五年，又鑄元寶，重四十八兩。又有遼陽元寶，乃至元二十三四年時，征遼東所得銀子鑄成者。至順帝至正三年，又以五十兩爲錠。鑄元寶。唯元寶多爲大宗支付，民間小交易，流通仍多爲無一定形式之碎銀銀塊也。清代在銀元未流通以前，所使行之銀兩，以銀錠爲最廣。其形式可分三種：(一)元寶重五十兩，形如馬蹄。又謂之馬蹄銀。(二)中錠，重約十兩，形式不一，以錘式者爲多。形如馬蹄者，謂之小馬蹄銀，或小元寶錠。(三)小錠，重約三兩或五兩。稱小錁，形如饅首。此外，尚有碎銀，銀塊，碎元寶者，作小宗交易之用。

此外，西藏亦流行乾隆時所鑄之銀兩幣，圓形，正面鑄漢字「乾隆寶藏」四字。咸豐六年，(一八五六)上海亦鑄有銀兩幣，成圓形者，重一兩。幣正面，有：「咸豐六年上海縣號商某某某足紋銀餅」十六字。唯未流行耳。

金銀作貨幣用途計重量之單位，歷代以來，名目不一：有鎰，有斤，有金，有鋌，有錠，有兩。大抵秦以前，多稱鎰。西漢稱斤，稱金。南北朝以後，多稱兩，亦有稱鋌者。元明兩代，則錠兩並行。清代均稱兩。

一、鎰　鎰為秦以前金銀計重量之單位。秦時，黃金稱鎰。戰國時，黃金亦稱若干鎰。孟子「王餽兼金一百；於宋餽七十鎰，於薛餽五十鎰」，均以鎰名金。史記平準書謂：「秦以一鎰為一金。漢以一斤為一金」。孟康注二十兩為一鎰。(唯國語云，二十四兩為鎰)文獻通考錢幣考所載，謂：「秦兼天下，改周一斤之制，更以鎰爲金之名數。若是，則秦臣以鎰爲金之單位。唯鎰則不始於秦也。漢初，黃金亦尙有稱鎰者。如高祖賜張良金百鎰。此尙沿秦制也。

二、斤　黃金稱斤稱金，秦以前，亦有之。如周前黃金方寸而重一斤等。唯西漢時，黃金單位，則大概均稱斤，或金。文帝賜太尉勃五千斤。賜疏廣金十斤。衞青出塞，受賜黃金二十餘萬斤等，均其例。漢末董卓死，塢中有二三萬斤。昭烈得益州，賜關羽等黃金各五百斤，銀千斤，亦均稱斤。唯漢時之權衡，一斤僅等於今日之三分之一。蓋吾國度量衡制度，自漢至唐，逐漸增長，以北魏爲甚。至隋開皇時，以古斗三升爲一升，古秤三斤爲一斤。唐時以三兩爲一大兩。較漢時之所謂「斤」者，已大三倍。雖大業中有依復古秤之說，然未實行。唐初據通典所載，度量仍爲三與一之比，三兩當一兩，是唐時仍較古秤大三倍。唐宋以後，千餘年來，均仍其舊。故漢時之金銀單位，所謂一斤者，實際僅等於唐時或今日之五兩三錢餘也。南北朝時，賞賜亦多有稱斤者。隋時，兩，斤並用。自是以後，金銀貨幣單位之稱斤者，雖間有之，然爲例已極少矣。

三、鋌　北齊書陳元康傳：「世宗於是親征，既至而克，賞元康金百鋌」。鋌之名，似於此時見於史籍。隋書和洪傳：「金銀各百鋌」。舊唐書穆宗紀：「長慶三年，八月，賜從官金銀鋌有差」。唐六典太府寺條，載：「以二法平物，一曰度量，二曰權衡。絹曰疋，布曰端，金銀曰鋌」。舊五代史寶綽傳：「身沒之後，有白金八千鋌」。續資治通鑑長編咸平五年：「許銀七鋌，……假白金十鋌」，均金銀授受，以鋌爲單位之記載也。

銀鋌之重量，據宋楊輝乘除通變算法卷中所載：「銀二百三十七鋌，每鋌二十三兩」。時爲宋末。而元胡三省（宋末元初人）通鑑釋文辨誤卷十一，謂：「今人冶銀，大鋌五十兩，中鋌半之，小鋌又半之。世謂之鋌銀」。若是，則鋌銀中者當爲二十五兩。大概其時銀鋌均係民間自鑄，各地不同，成色固常有差異，而重量亦不能一定，每鋌重量約在二十三兩至二十五兩之間也。

四、錠 錠見於鋌之後。清翟灝通俗編貨財部，謂：「按世俗，計金銀以錠。錠爲鋌之誤。蓋鋌錠音似，遂相傳而誤也」。元明兩代，均稱錠。鋌之名，不復見。如元史太宗時，商人温都爾哈瑪爾買撲中原銀課二萬二千錠。又世祖時：「周文英入見，其贄禮銀萬兩金四十錠」。均其例。

五、兩 兩爲近代計算金銀普遍之單位。南北朝時，金已有以兩計數者。羊祝傳：「賜金五千兩銀萬兩」。隋書周羅侯傳：「賜金銀三千兩」。隋時，兩斤並用，亦多稱兩。宋時規定金銀以兩計。宋史食貨志，太宗雍熙九年：「詔金銀絲綿以兩計」。元明兩代，錠兩並行。而以兩爲最普遍，民間小宗授受，均以兩計。清代以後，金銀無不以兩計者。其他古代單位，已不見矣。

## 第十章 前代金銀貨幣之交換價值

金銀價格，漢時極爲安定，而價亦賤：黃金一斤，直錢一萬。漢書惠帝紀：「視作斤土者，將軍四十金」。師古注，諸賜言黃金者，皆與之金。不言黃者，一金與萬錢也。又王莽傳：「故事聘皇后，黃金二萬斤，爲錢二萬萬」。均金一斤，折錢一萬」。又漢書食貨志下，謂王莽時：「黃金重一斤，直錢萬，朱提銀重八兩，爲一流，（流亦似爲其時之計銀單位，如後世之錠）。直錢一千五百八十。他銀直錢千」。故漢時，黃金一斤，直錢一萬。自漢初起，至王莽止，其率毫無變動。較以後各朝之金銀價值，最爲穩固。而兌換率，亦較任何朝代爲低。

唐時，金銀價格，記載甚少，頗難稽考。唯趙璘因話錄卷三，載：「范陽盧仲元以金鬻於揚州，時遇金貴，兩獲八千」。此蓋唐時金值之可查者。而孫子算經卷下，謂黃金一斤，直錢十萬。一兩直六千二百五十錢。與上述金貴時，值八千，頗相近。銀價則無可考。

宋時，金價漲落甚大，最初時，不過八千。宋末已漲至三四萬文。續資治通鑑長編卷十八，太宗太平興國二年六月，「江南西路，轉運司，言，金上等舊估兩十千，今請估八千」。又同書，眞宗大中祥符八年十一月，「三司奏酒課改輸銀。上因謂輔臣曰：咸平中，銀兩八百，金五千。今則增踴逾倍，何也」？咸平爲眞宗初。與大中祥符八年，相去十五年，而價已逾倍。則大中祥符時，至少金當在每兩一萬文以上。銀當在一千六百文以上。金價騰高之程度，可想知矣。

元明兩代，銅錢稀少，鈔幣盛行。故金銀之價格，亦以鈔幣爲準。元世祖，至元時，赤金一兩，入庫爲二十貫，出庫爲二十貫五百文。花銀一兩，入庫價鈔二貫，出庫二貫〇五文。至大時，至大銀鈔一兩，准至元鈔五貫，白銀一兩，赤金一錢。（一與十之比）明會典載：「洪武八年，鈔一貫，折銀一兩，四貫易赤金一兩」。而策學備纂卷十六，錢幣下，謂往日京師錢價，紋銀一兩，買錢六百。自崇禎踐祚，與日俱遷。十六年時，竟賣至二千。夏秋間，二千幾百矣。

又王逋蚓菴瑣語，謂：明朝制錢，有京省之異。京錢，爲黃錢，七十文值銀一錢。（一兩合七百文）外省錢曰皮錢。百文值銀一錢。（每兩合千文）至亡國時，京錢百文値銀五分。（每兩二千文）皮錢百文値銀四分。（每兩二千五百文）又清初，順治四五年間，崇禎錢萬文，値銀一兩，可想見其時銀價之變遷。清初順治時，議以銀一分爲制錢七文。順治四年，又以一分爲十文。垂爲定例。雍正時，猶規定每兩千文。咸豐時，已至每兩二串之數。江浙銀價，每兩換至二千以外。原因，則由於制錢價蝕也。至於金銀兩項之比價，則宋時，爲一比十二三。元時，爲一比一〇。明時會典所載：「洪武時，一比四或五」。明史食貨志謂太祖時，銀千兩，爲金二百五十兩。（一比四）永樂中銀十二兩，爲金二兩五錢。顧炎武日知錄謂：「幼時，見萬歷中，赤金亦止七八換。（換銀）而崇禎時，十換。江左十三換」。則明末，金銀已爲一與十三之比。清初至咸同間，金銀比價，均不過十四五換。至光緒時，銀價漸落。十二年，已爲二十換左右。二十年，至三十二換。至淸末時，常在四十換左右。茲將歷代以來之金價銀價，金銀比價之可考者，大略列表於下：

（一）中國歷代金價表

| （年代） | （單位） | （價格） | （地點） | （官估或市估） |
|---|---|---|---|---|
| 漢初至王莽 | 斤 | 錢萬文 | 長安 | 官價 |
| 唐末 | 兩 | 錢八千文 | 揚州 | 市價 |
| 宋太平興國二年 | 兩 | 錢一萬文 | 江南西路 | 官估 |
| 宋太平興國二年同月改定 | 兩 | 錢八千文 | 揚州 | 官估 |
| 宋咸平中 | 兩 | 錢五千文 | 汴京 | 市價 |
| 宋大中祥符八年十一月 | 兩 | 錢一萬文以上 | 汴京 | 市價 |
| 宋徽宗哲宗時 | 兩 | 錢一萬文許 | 汴京 | 市價 |
| 宋靖康元年正月 | 兩 | 錢二萬文 | 汴京 | 官估 |
| 宋靖康元年十一月 | 兩 | 錢三萬二千文 | 汴京 | 官估 |
| 宋靖康二年正月 | 兩 | 錢三萬五千文 | 汴京 | 官估 |
| 宋同年二月 | 兩 | 錢三萬二千文 | 汴京 | 官估 |

| | | | | |
|---|---|---|---|---|
| 宋紹興四年 | 兩 | 錢三萬文 | 杭州 | 官估 |
| 宋嘉定二年 | 兩 | 錢四萬文 | 杭州 | 官估 |
| 元世祖至元時 | 兩 | 鈔二十貫 | 大都各省 | 入庫價 |
| | 兩 | 鈔二十貫五百文 | 大都各省 | 出庫價 |
| 元至大時 | 兩 | 至元鈔五十貫 | 大都各省 | 官價 |
| 明洪武八年 | 兩 | 鈔四貫 | 南京 | 官價 |
| 明永樂五年 | 兩 | 鈔四百貫（二兩五錢合鈔千貫） | 北京 | 市價 |
| 明宣德元年 | 兩 | 鈔八千貫 | 北京 | 官價 |
| 清初 | 兩 | 制錢一萬〇五百文左右 | 北京 | 官定價 |
| 清同治時 | 兩 | 制錢二萬六千文左右 | 北京 | 市價 |

## (二)中國歷代銀價表

| (年代) | (單位) | (價格) | (地點) | (官估或市價) |
| --- | --- | --- | --- | --- |
| 漢王莽時 | 兩 | 錢百九十八文 | 長安 | 官估 |
| 後蜀孟昶廣政中 | 兩 | 錢六百八十文 | 西蜀 | 官估 |
| 宋咸平中 | 兩 | 錢八百文 | 汴京 | 市價 |
| 宋景德四年十二月 | 兩 | 錢一千文 | 河東路 | 市價官估同 |
| 宋大中祥符八年十二月 | 兩 | 錢一千六百文以上 | 汴京 | 市價 |
| 宋康定元年 | 兩 | 錢二千文 | 汴京 | 官估 |
| 宋慶曆六年五月 | 兩 | 錢三千文以上 | 梓州路 | 市價 |
| 宋靖康元年正月 | 兩 | 錢一千五百文 | 汴京 | 官估 |
| 宋同年十二月 | 兩 | 錢二千二百文 | 汴京 | 官估 |
| 宋靖康六年正月 | 兩 | 錢二千五百文以上 | 汴京 | 官估 |
| 宋同年二月 | 兩 | 錢二千五百文 | 汴京 | 官估 |

| | | | | |
|---|---|---|---|---|
| 宋紹興四年 | 兩 | 錢三千三百文 | 杭州 | 官估 |
| 宋紹興三十年九月 | 兩 | 錢三千四百文 | 廣西路 | 官估 |
| 宋甯宗初 | 兩 | 錢三千三百文 | 杭州 | 官估 |
| | 兩 | 錢三千文以下 | 杭州 | 市價 |
| 宋理宗寶慶中 | 兩 | 錢三千三百文以上 | 杭州 | 官估 |
| 宋紹定元年 | 兩 | 錢三千三百文以下 | 杭州 | 官估 |
| 金承安時 | 兩 | 錢二貫(二千文) | 汴京一帶 | 官市同價 |
| 金泰和元年 | 錠(五十兩) | 錢十萬貫 | 汴京一帶 | 官定價 |
| | 錠(五十兩) | 錢八萬貫 | 汴京一帶 | 市價 |
| 金宣宗元光時 | 兩 | 寶泉鈔三百貫以下 | 汴京一帶 | 官定價 |
| 元世祖至元時 | 兩 | 鈔二貫 | 大都各省 | 入庫價 |
| | 兩 | 鈔二貫〇五文 | 大都各省 | 出庫價 |

| | | | | |
|---|---|---|---|---|
| 元至大時 | 兩 | 至元鈔五貫 | 大都各省 | 官估 |
| 明洪武八年 | 兩 | 鈔一貫 | 南京 | 官價 |
| 明永樂五年 | 兩 | 鈔八十四貫十二兩合千貫 | 北京 | 市價 |
| 明宣德元年 | 兩 | 鈔二千貫 | 北京 | 官價 |
| 明成化十七年 | 兩 | 舊洪武永樂錢八百文 | 北京 | 官價 |
| 明弘治時 | 兩 | 錢七百五十貫以下 | 北京 | 官價 |
| 明嘉靖六年 | 兩 | 嘉靖錢七百文 | 北京 | 官價 |
| 明穆宗隆慶六年 | 兩 | 錢八百文(金背錢)<br>錢一千文(嘉靖錢) | 北京 | 官價 |
| 明崇禎十六年 | 兩 | 錢二千文 | 北京 | 市價 |
| 明崇禎末 | 兩 | 錢二千文(京錢)<br>二千五百文(皮錢) | 北京 | 市價 |
| 清初 | 兩 | 制錢七百文 | 北京 | 官定價 |
| 清順治四年 | 兩 | 制錢一千文 | 北京 | 官定價 |

| | | | | |
|---|---|---|---|---|
| 清康熙二十三年 | 兩 | 制錢一千文 | 北京 | 官定價 |
| | 兩 | 制錢八九百文 | 北京 | 市價 |
| 清雍正七年 | 兩 | 制錢一千文 | 北京 | 官定價 |
| 清道光時 | 兩 | 制錢一千五百文 | 各地 | 市價 |
| 清咸豐三年 | 兩 | 制錢二千文 | 北京 | 官定折稅價 |
| 清咸豐七年 | 兩 | 制錢二千文以下 | 各地 | 市價 |
| 清同治末年 | 兩 | 制錢一千六百餘文 | 上海銀 | 官價 |
| 清光緒三十年 | 兩 | 制錢一千一百文 | 上海銀 | 官價 |

## (三)金銀比價表

| (年代) | (金銀比價) |
|---|---|
| 宋咸平中 | 一比六·三弱 |
| 宋靖康元年 | 一比一三·三弱 |

| | |
|---|---|
| 宋紹興四年 | 一比一三 |
| 宋甯宗時 | 一比一二・一 |
| 元至元時 | 一比一〇 |
| 明洪武八年 | 一比四 |
| 明洪武十八年 | 一比五 |
| 明永樂五年 | 一比五 |
| 明宣德元年 | 一比四 |
| 明萬歷中 | 一比七或八 |
| 明崇禎時 | 一比一〇至一三 |
| 清康熙時 | 平均一比一四・九四至一五・〇七 |
| 清雍正時 | 平均一比一四・九二至一五・〇九 |
| 清乾隆時 | 平均一比一四・八〇至一五・二七 |

| | |
|---|---|
| 清嘉慶時 | 平均一比一五・九六至一六・一一 |
| 清道光時 | 平均一比一五・七〇左右 |
| 清咸豐時 | 平均一比一五・三〇左右 |
| 清同治時 | 平均一比一五・五〇左右 |
| 清光緒時 | 平均一比一六・六〇左右至一比三九・一〇以上 |
| 清宣統時 | 平均一比四〇左右 |

綜合觀之，歷代之金銀價格，以西漢爲最佳。不僅價格低廉，統一，而若干年間，絕未有劇烈之變動。無怪文景時代，天下承平，物價低賤也。若以唐宋以後比之，相去天壤。雖漢時之斤兩，僅等於隋唐三分之一。金一斤，實等五兩餘。然即以唐兩計之，每兩亦止二千文左右也。至於元明時代銀價之特高，乃由於以鈔估計。其時鈔法日壞，價值下落。如正統時之鈔，每鈔不過值銅錢數文左右。故金銀價，亦隨之高下。清代金價之高，則由於世界各國廢銀，採用金本位，以是銀價下落，

金價高漲也。總括言之，歷朝之金銀價值之變動，雖本身上之供求有關係，然重要關鍵，則在於銅錢之價值無定。歷代銅錢之鑄造繁多，流行之品類複雜。以致價格極不一致，相差遠甚。如明代之制錢，比較的統一，然制錢之內，又有各種不同。金背錢之內，萬曆金背，與嘉靖金背折銀價值，又彼此互異。（見銅幣篇）故金銀之價值，不能卽代表其購買力。其數字上之變動，完全以所折成銅錢鈔幣之為何種，為轉移也。

## 第十一章　現代之銀兩制度

吾國現代通行之銀兩制度，可分實銀與虛銀兩種：實銀卽銀錠元寶等類。虛銀為虛設之銀兩，有其名稱，而無其物。如上海之規元等。實銀虛銀以下，又分為數種，茲按其性質，表列分述之於後：

### 一　銀兩幣

- 實銀兩
  - 元寶銀
    - 二六寶銀
    - 二七寶銀
    - 其他寶銀
- 虛銀兩
  - 政府法定價者
    - 庫平
    - 關平
    - 漕平
  - 各地銀兩
    - 市平、砝平
      - 九八規元
      - 洋例
      - 行化
      - 公砝
      - 其他

## （一）實銀兩

一、銀兩幣　銀兩幣，即前第七章所述乾隆五十七年所鑄之西藏銀兩幣等。咸豐光緒時，亦有鑄造，唯旋起旋廢，現時中國本部境內，已無此種銀兩幣之流通。

二、寶銀　寶銀，即以前之元寶。吾國現時大宗營業，及繳納稅款時，多以銀兩計算。所計算之標準銀兩，均爲各地之虛銀，而其實際所使用之銀兩，則爲此種寶銀。寶銀流傳數百年，形式上尙無何種變遷。重量每只爲五十兩左右，成色多數在九三五以上，由少數民間設立之私爐房或官銀爐鑄造之。經過公估局之鑑定，保證，方可通用。寶銀之鑄造，有由銀條改鑄者，有由他地元寶改鑄者，有由花洋改鑄者，亦有由花小洋（即各種小洋）改鑄者。

現時寶銀流通之名色甚多，均以其加水爲分別。而加水則以其銀之成色爲標準。成色高者，加水亦高。故寶銀之名目，均爲二四寶，二五寶，二六寶，二七寶，二八寶，二九寶，等等。凡加水二兩四錢者，（即每百兩加水二兩四錢）謂之二四寶。加水二兩五錢者，謂之二五寶。加水二兩六錢者，謂之二六寶。加水二兩七錢，謂之二七寶。以次類推。各種寶銀，最通用者，則爲上海之二七寶。

二七寶銀，爲上海銀爐所鑄成，或由外來寶銀以成色不同經銀爐改鑄者。每寶重量，爲漕平五十兩左右，逕由公估局批過，方可通行。公估局所批，大概爲二六五或二七或二七五。在二六五至二七五之間者，均謂之二七寶。成色低於二六五者，則公估局不批。成色高，亦有批至二八者。唯此時，殊不多見。二七寶，又謂之「夷場新」，其名稱之由來，乃由於前清時，南市關道衙門有官爐鑄銀，謂之海關道元寶。其後租界擴充，貿易日盛，租界內亦設銀爐，市場上爲區別起見，乃稱租界內所鑄之元寶，爲「夷場新」，卽洋場新造元寶之意。習俗相沿，遂成爲今日貨幣上之一種專名詞矣。

(二)虛銀兩

虛銀兩，爲假定一種銀兩單位之名稱，作計算之標準者，實際上無此種銀兩。各地有所不同。故價值，亦彼此逈異。吾國幣制之複雜紊亂，莫過於此。考虛銀兩內，政府所法定重量者，有三種：

一、庫平　庫平爲前清時所定虛定銀兩之一種，作全國納稅之標準。凡全國徵收租稅，以及官府支出，附入銀行官股，均以庫平銀爲單位。如所鑄銀元幣面上，均爲庫平銀幾錢幾分，卽吾國之法定銀兩單位。唯各地庫平，價值亦有不齊，如藩庫平，道庫平，鹽庫平等，價值均彼此互異。中央庫平，每兩爲五七五・八二格林，卽三七三・一二五六格蘭姆。庫平內，以廣東庫平爲最大，爲五八三・三格林。甯波庫平最小，僅五六九・一格林。

二、關平　關平爲吾國徵收關稅之標準，亦爲一種虛設之銀兩單位。關平之起源，乃由於與各國通商，徵收出入口稅，無一定之標準銀兩，乃設關平以便統一。至現時，凡與外洋發生國際金融關係者，如國際貿易，海關徵稅，國外借款等，幾無不以關平計算。實際上，卽爲吾國對外金融關係之標準單位。而庫平，漕平，及各種市平，砝平，則純爲對內之銀兩標準單位。關平，計每兩重五八一・四七格林，合三七六・八格蘭姆。

三、漕平　漕平，由漕糧而起。前淸時，漕糧爲山東河南江蘇安徽浙江江西湖北湖南八省，以前均徵本色。（卽漕運糧米）其後，制度變更，逐漸改徵折色。民間只納漕銀，於是有漕平之設。民間沿用，逐用成爲通行虛銀兩之一種。其標準重量，亦與庫平關平同，隨地而異。上海漕平，每兩重量爲五六五・六九七格林。普通計算，均以五六五・七格林計算。漕平與各地使用最多，爲上海通用銀兩計重之單位。九八規元，卽根據漕平計算也。

以上三種，爲吾國現時通用虛銀兩之名稱，由官設立價值者，各省均有。此外，則爲市平，砝平。市平卽各市場通用之總名稱。各地之名目，各有不同。不下百數十種，價值尤不能一律。其中之最重要者，則爲上海之規元，漢口之洋例，天津之行化，北平之公砝。

（一）九八規元　九八規元，又稱規銀，爲上海唯一通用之記帳虛銀兩。無論華洋交易，及匯兌行市。均以此爲計算之標準。在我國商場上，具有偉大之勢力；尤在今日上海爲全國商業之中心點，可以左右全國之金融，爲全國銀兩中巨之擘。九八規元之起源，論者不一，無由稽考。但其計算之起點，則多謂由於昔日南市之牛莊豆麥行交易。當上海未開租界之先，一切交易，均在南市。而南市商業，以豆麥為大宗。當時豆麥行之計算，均以九八規元為標準。故各業亦以為計算之根據。現時各地與上海交易者，多稱九八豆規元，卽係此意。至租界設立，商務繁盛，九八規元以歷史上及習慣上之勢力，亦傳播於租界。輾轉至今，遂成為上海唯一之計算銀兩。

九八規元之命名，乃由於規元一百兩，等於重漕平九十八兩之銀兩，故為九八。而何以等於九十八兩？則歷來習慣相沿，事實如是。故上海之規元，等於漕平之九八。規元計算，卽以重漕平若干兩之寶銀，加升水，以九八除之，卽得。

(二)洋例　洋例為漢口對內對外，最通行之一種虛銀兩。其勢力與上海之規元，天津之行化，鼎足而三。當漢口未闢商埠之先，普通各項使用，均以漕平為標準。開埠以後，有鄭永和者，設立一公估局於漢口，特製一估平，仍以漕平為標準。與漕平為九八六與一〇〇〇之比。又名九八六平，又名二四寶。（以其申水二兩四錢）其後商務日繁，當地銀錠，種類複雜，成色參差，洋商乃仿照上海規元辦法，規定以估平二四寶收付者，可按九八折合，製定一種虛銀單位，名曰「洋例」。其命意即在漢洋商所定之例，此洋例之起源也。洋例行後，漢口各種平色，均逐漸消滅，洋例遂成為漢口之主要計算銀兩之單位。估平寶銀九百八十兩，作為洋例一千兩。

洋例在漢口占金融上勢力者，數十年。至民國十六年四月，國軍克復漢口以後，其時當局突頒集中現金之令，發生漢口空前金融界之大變動；洋例之匯價暴落，不能維持其原有地位。跌至四千兩，始能換規元一千兩之價格。是年九月，規元匯價又高至四千一百兩。以洋例銀輾轉折合，為絕對不利。乃改申匯，以洋元為標準。現洋一千三百〇五元，申收規元一千兩。於是洋例銀，遂無形中取消矣。洋例改銀元折匯以後，至今二年，尚無不便。唯能否久遠如是，不復洋例，則全恃銀元成色之純正，價格之能否安定也。

（三）行化　行化為天津現時之唯一通用銀兩，又謂之行平，即「行平化寶銀」之省稱。行平化寶銀，為天津行使之實銀。成色九九二。需用時，得照公估局，所估白寶之估碼使用，高則每錠升四錢，次則二三錢。

（四）公砝　公砝為北京通行平砝種類之一。為調撥銀款及匯兌時作為計算之虛本位。以前所通行者，公砝以外，尚有三四庫平，六釐京市平，七釐京市平，二七京平，二六京平，三六庫平等，現時僅用公砝平一種。

（三）各地流通之主要銀兩

最近各地流通之主要銀兩，可分實銀虛銀兩者，列表於後：

| 省別 | 地名 | 通用寶銀 | 通用平砝 |
| --- | --- | --- | --- |
| 江蘇 | 南京 | 二七寶（即公議足紋銀） | 二七陵平（多）<br>藩庫二四平（少）<br>關平（少）<br>道庫二六平（少） |

| | | | |
|---|---|---|---|
| | 上海 | 二七寶 | 九八規元（最通用）公砝平<br>申公砝平 庫平 漕平 關平 |
| | 鎮江 | 二七寶銀 | 二七鎮平（商業往來用之）<br>二四鎮平（綢緞業用之）<br>關平（報關用） |
| | 蘇州 | 二八寶（無現銀出入） | 漕平銀（通稱補水紋） |
| | 揚州 | | 揚二七平 庫平 |
| 浙江 | 杭州 | 二七寶<br>二八寶（較少） | 市庫平<br>司庫平（淸時錢糧上兌）<br>杭平<br>民國以來改用銀元平砝取消 |
| 安徽 | 蕪湖 | 二七寶 | 蕪二七漕平 關平 米市銀 |
| | 安慶 | 二八寶 | 曹平二八（錢業交易之本位） |
| | 大通 | | 和二七平（與鎮江鎮二七平同） |
| 江西 | 南昌 | 足寶（市上不多見） | 九三八平（現時已改銀元折算） |
| | 九江 | 二四寶 | 曹平二四銀 大平 |

| | | | |
|---|---|---|---|
| 河北 | 天津 | 行平化寶銀 | 行化（行平） |
| | 北平 | 十足寶（已無現貨） | 京公砝平 |
| | 保定 | 公議府漕寶銀（又名新化銀現已少見） | 保市平、藩庫平（民國以來改國幣本位已無形消滅唯間作劃帳之虛本位） |
| 山東 | 濟南 | 二四寶 | 濟平（商業往來之標準）<br>庫平（僅各機關有用之者） |
| | 烟台 | 二六寶 | 曹平估銀 |
| 山西 | 太原 | 二四寶 | 庫平、街市平（現已不用） |
| | 大同 | | 同平 |
| 湖北 | 漢口 | 二四寶 | 洋例（十六年取消）<br>估平　庫平　關平 |
| | 沙市 | 二四寶 | 沙平（九八八兌） |

| | | | |
|---|---|---|---|
| | 宜昌 | 二四寶 | 宜平 |
| 湖南 | 長沙 | 二四寶 | 漢口估平（長沙以光洋爲本位平砝久不用設用銀時則以漢口估平爲準） |
| | 常德 | 二四寶 | 常平 |
| 河南 | 開封 | 二八寶（實爲二四寶） | 二六汴平 |
| | 洛陽 | | 洛平 |
| 陝西 | 西安 | 二四寶 | 涇布平　陝議平 |
| 四川 | 重慶 | 生銀 新票 老票 | 九七平（多用）錢平　關平　貨平　沙平 |
| | 成都 | 二四寶 | 九七川平 |
| 廣東 | 廣州 | | 司馬平　番平　裕平 |
| | 香港 | | 番平（九九八） |
| | 汕頭 | | 九九三五直平　關平 |

| | | | |
|---|---|---|---|
| 福建 | 福州 | 台捧（又名台新議卽打爛鏨輕之各種銀元不以元計而以兩計） | 台新議平（多用） 七一七洋平 七四一六平 |
| | 廈門 | | 廈市平（近已改銀元僅存此名稱而已） |
| 雲南 | 昆明 | | 滇平（本地買賣現以銀元爲主對外貿易以香港上海爲主平砝已同虛設矣） |
| 貴州 | 貴陽 | | 公估平（公估局所定已三十年銀行官局以此平爲準） 貴平（市場往來均用此平） |
| 奉天 | 營口 | 爐銀（過帳銀匯兌交易均以此爲主） | 營平 庫平 |
| 吉林 | 長春 | | 寬平 |

（四）各主要銀兩之比價

流通之平砝，種類繁多，以篇幅所限，不能一一比較，玆取最重之通行銀兩，如上海之九八規元，天津之行化，北京之公砝，（漢口洋例已取消）三種，與他種平砝價值，比較之如左：

## 上海九八規元與其他平砝價值比較

（單位兩）

| 九八規元 | 其他平砝 | | |
|---|---|---|---|
| | 平砝名 | 地點 | 比價 |
| 1057.63 | 京公砝 | 北平 | 1000.00 |
| 1059.70 | 行化 | 天津 | 1000.00 |
| 1073.50 | 濟平 | 濟南 | 1000.00 |
| 1073.50 | 二六汴平 | 開封 | 1000.00 |
| 1096.00 | 庫平 | 太原 | 1000.00 |
| 1088.00 | 同平 | 大同 | 1000.00 |
| 1058.17 | 營平 | 營口 | 1000.00 |
| 1068.70 | 陵平 | 南京 | 1000.00 |
| 1073.50 | 二七寶 | 鎮江 | 1000.00 |
| 1096.00 | 九九司庫平 | 杭州 | 1000.00 |
| 1037.00 | 宜平 | 宜昌 | 1000.00 |
| 1000.00 | 二八漕平 | 安慶 | 960.00 |
| 1000.00 | 陝議平 | 西安 | 952.00 |
| 1000.00 | 二四漕平 | 九江 | 931.00 |
| 1053.40 | 九七平 | 重慶 | 1000.00 |
| 1065.98 | 台新議平 | 福州 | 1000.00 |

## 天津行化與其他平砝比價

(單位兩)

| 行化 | 其他平砝 | | |
|---|---|---|---|
| | 平砝名 | 地點 | 比價 |
| 998.00 | 京公砝 | 北平 | 1000.00 |
| 1000.00 | 九八規元 | 上海 | 1059.70 |
| 1018.00 | 濟平 | 濟南 | 1000.00 |
| | | | |

## 北平公砝與規元行化比價

京公砝1000兩＝{上海九八規元1057.63；津行化 998.00}

# 第十二章　現代之銀元制度

吾國自元明以來，各種大宗授受，主要交易，均以銀兩爲本位。直至與外洋通商以後，銀元流入，始有改用銀元者。前清光緒時，自鑄銀幣，銀元之流行益廣。至最近時，全國除對外之金融關係及少數匯兌仍沿舊習慣以銀兩計算外，均已改用銀元爲本位。如寧波杭州南昌廈門各地，早已次第改兩爲元。而占全國大勢力之漢口洋例，亦於民國十六年取消，改用銀元匯兌。在今日貨幣統一改兩爲元聲浪之下，銀兩已漸有失其重要地位之勢。其唯一關鍵，則全在乎銀元之能否維持成色價值，苟銀元能價值固定，則改兩爲元之實行，當爲期不遠也。玆取現代銀元之制度，略述之於後：

## (一)現代流通銀元之種類

現代流通銀元之種類，可分外國銀元，及本國銀元兩種：

（一）外國銀元　外國銀元在淸末時，流通極廣。卽如本洋一項，爲吾國市場上主要銀幣者，凡百餘年。至一八五六年，上海改用規元後，始稍減少。次之，如墨西哥鷹洋，彼利維亞秘魯之銀洋，香港銀元，美國貿易銀元，日本銀元，等，均占頗大之勢力。唯自袁像銀幣通行以後，外幣漸次衰微。此種洋元，現時大多已視爲骨董，供考古家收藏之用，不復作通用之貨幣矣。現時所尙能行使者，僅有下列四種：

1香港銀元　香港銀元，有二種：一爲一八九五年印度造幣廠所鑄，俗稱「香港洋元」。第二次亦爲印度造幣廠所鑄。成色爲千分之九百。重二六，九五六三六格蘭姆。以前在中國北部，流行極廣，內地各埠，亦有其蹤跡，且受人民歡迎。幣面，爲英國女神像，兩面緣以花紋，背面有中文及馬來字，俗呼爲「人洋」或「站人」；初時鑄出甚多，歐戰以後，流通數銳減。現時除香港，仍爲貨幣單位外，吾國南部及北部，間亦用之者，唯爲數極少耳。

2墨西哥鷹洋　墨西哥鷹洋，原爲其本國流通之主要幣。（在一九〇五年採金本位制以前）在吾國市場上流通，有數十年之歷史。自前清時，本洋勢衰以後，墨西哥鷹洋，即代之而起，爲其時流通最廣之銀幣，每年輸入，爲數極多。銀質純正，成色不變，社會上咸樂用之。鷹洋初入中國時，爲清咸豐四年。（一八五四）至民國成立時，中國全境所流通及貯藏之鷹洋總額，已在四萬萬枚以上，可想見其勢力矣。現時以袁幣盛行，鷹洋逐漸稀少，市場上已不多覯。唯國內所貯藏之數目，則尚不在少數，而在各地，亦尚能與龍洋等同一通用也。

3日本銀元　日本銀元，在前清時，遠不及本洋及鷹洋之勢力。唯流行時期，則比較的久遠。現時除在南滿一帶爲通用之主要貨幣外，其餘各省，亦常有日洋之發現。

4西貢銀元　間有用之者，爲數極少。

（二）本國銀元

**1龍洋**　龍洋卽前清光緒宣統時所鑄造者，爲吾國國內銀元行使第一期唯一之銀幣。龍洋之起源，爲光緒十五年。（一八八九）其時由廣東造幣廠試鑄。幣面爲龍形，故名龍洋。每元重漕平七錢三分，庫平七錢二分四釐五。由清廷下諭，作爲中國之法幣。所有完納錢糧關稅釐捐等，均得用此幣折用。

龍洋實行以後，各省鑄者極多，以致發生過剩之弊。而省自爲政，不相統一，形式，分量，成色，又彼此差異。遂發生種種龐雜之劣點。據民國八年調查，龍洋鑄出總額，爲二八六、三五一、四一三元。其成色之差異，自八四三、五〇（奉天）至九〇〇、三〇（天津）不等。現時國內各地龍洋，尙能通行，唯早已停止鑄造矣。

**2袁像幣**　袁像幣，爲吾國現時流通銀幣中之唯一主幣。無論何種授受，大小交易，均以此幣通用。流通極廣，雖僻處邊陬，亦有其蹤跡。自袁像幣通行以後，不僅國內舊用成色不一之龍洋，日就淘汰；卽占有偉大勢力之墨西哥鷹洋等，亦漸歸消滅。可稱爲吾國銀元之統一者。

袁像幣，始於民國三年，其時訂定國幣條例，以元爲單位。幣面鐫袁世凱像。俗稱之爲「袁頭幣」。成色爲千分之八九〇。首先鑄造者，爲天津及南京之造幣廠；其後杭州各廠，亦鑄造甚多。現時流通者，爲民國三年造，民國八年造，民國九年造，三種。各種之成色，歷經中外化驗。均在八九〇以上。

3總理幣　總理幣，爲最近鑄造者。國軍克復南京後，以袁世凱爲帝國主義，令停止袁幣之鑄造，改鑄總理新幣。式樣，即採用民國元年之中山紀念舊模。南京杭州兩造幣廠，於十六年六月七月先後開鑄。至十七年三月，已鑄成五千八百八十七萬元。各地均已通用。唯成色略遜於袁幣。

4其他銀幣　吾國現代之通行銀幣，幾全爲袁像，總理幣次之；龍洋等項，不過占一小部份，且已逐漸收藏。此外，尚有數種銀幣，唯流通之數，更少。大都爲紀念幣之性質。計有下列十種：

甲、孫中山半身側面幣，一元。民國元年造，發行者，十萬元。

乙、黎元洪幣，幣面鐫黎氏肖像，一元。

丙、袁世凱軍裝像幣，民國三年天津造幣廠造，一元。

丁、袁世凱開國紀念幣，一元，爲數極少，僅四十枚。

戊、袁世凱洪憲幣，幣面爲袁氏像，背爲龍形，有中華帝國洪憲紀元八字，一元。

己、曹錕幣，民國十二年，天津造幣廠造，一元。

庚、四川軍政府幣，民國元年造，一元，在四川流通頗廣。

辛、段執政幣，民國十四年，天津造幣廠造，一元。

壬、徐世昌紀念幣，民國十年九月造，一元。

癸、宣統結婚紀念幣，民國十二年溥儀結婚時發行，新幣上有龍鳳形，一元。

## (二)各地流通之銀幣及銀輔幣

最近各主要地點通用之銀幣，及銀輔幣，可列表於下：

| (省別) | (地點) | 流通銀元種類 (本國銀元) | 流通銀元種類 (外國銀元) | (流通銀輔幣種類) |
|---|---|---|---|---|
| 江蘇 | 南京 | 袁幣(最多) 總理幣(多) 龍洋(市面甚少) | 鷹洋(不甚通用) | 角洋 銀輔幣(即大洋角) |
| | 上海 | 袁幣 總理幣 龍洋 | 英洋(即鷹洋) | 小洋 |
| | 鎮江 | 袁幣 龍洋 | 鷹洋 | 小洋 |
| 浙江 | 杭州 | 袁幣 龍洋 北洋 造幣(市上不通用錢業或用之) | 鷹洋 | 角洋 |
| | 寧波 | 袁幣 龍洋(湖北江南廣東) 北洋(比袁幣低一分) | | 角洋(通用民國七，八，九，十，年廣東雙毫) |

| | | | | |
|---|---|---|---|---|
| 安徽 | 蕪湖 | 袁幣<br>龍洋（湖北江南廣東）<br>北洋（二八成搭用貼水） | 鷹洋（貼水） | 角洋（少） |
| | 安慶 | 袁幣（最多）<br>龍洋 | 鷹洋（只可搭用）<br>本洋（極少）<br>站人（行使較多） | 輔幣（通行）<br>角洋（甚少）（須貼水） |
| 江西 | 南昌 | 袁幣（最多）<br>龍洋（不甚通用多運漢口）<br>爛洋（龍洋爛洋內地貿易以此爲主價較袁頭且貴） | 鷹洋（價值同袁幣唯不多）<br>日洋（卽日本龍洋須貼水）<br>香洋（卽香港舊洋須貼水）<br>爛洋（日本爛洋英光爛洋內地贛南以此爲主較袁幣爲貴） | |
| | 九江 | 袁幣　龍洋（貼水） | 鷹洋（通用） | 角洋（八五折） |
| 河北 | 天津 | 袁幣（最多）<br>龍洋（以北洋大清銀幣爲最多） | | 輔幣（每角貼水）<br>角洋（極少） |
| | 北平 | 袁洋（最通用）　龍洋 | | 輔幣　角洋 |
| 山東 | 濟南 | 袁洋（通用）　龍洋 | | 輔幣（卽項城輔幣） |

| | | | | |
|---|---|---|---|---|
| | 烟台 | 袁幣（主幣）　北洋 | 鷹洋（現已難用） | 小洋（以東三省者爲多） |
| 山西 | 太原 | 袁幣（最多）<br>北洋（通用） | 站人（通用） | 小洋（甚少） |
| | 大同 | 袁幣　龍洋 | | |
| 奉天 | 營口 | 袁幣<br>北洋<br>雜洋（江南廣東） | 站人<br>英洋 | 小洋（漸少） |
| 吉林 | 長春 | 袁幣<br>北洋 | 站人<br>日幣 | 小洋 |
| 黑龍江 | 龍江 | 袁幣（最歡迎）<br>龍洋（北洋奉天吉林） | | 小洋（東三省鑄） |
| 湖北 | 漢口 | 袁幣（最通用）<br>龍洋（湖北大清） | 鷹洋（貼水） | 輔幣（貼水）<br>角洋（不多） |
| | 宜昌 | 袁幣<br>龍洋（除湖北四川省外不能通用） | | |
| | 沙市 | 袁幣<br>龍洋（除湖北江南廣東四川省外皆不通用） | | |

| | | | |
|---|---|---|---|
| 湖南 | 長沙 | 光洋（卽袁幣無痕者）<br>常洋（貼水） | 銀角（頗少） |
| 河南 | 鄭州 | 袁幣<br>龍洋（北洋湖北大淸） | |
| 陝西 | 西安 | 袁幣（俗呼大頭洋）<br>北洋<br>站人 | 輔幣（除本省雲南造之半元及本省單角外皆不能用） |
| 四川 | 重慶 | 袁幣（俗稱人頭洋）<br>龍洋<br>漢版（卽民元軍政府所鑄） | 角洋（本省者） |
| | 成都 | 人頭洋（卽袁幣）<br>四川洋（本省所鑄者）<br>雜洋（除江南廣東英洋外可行使） | |
| 廣東 | 廣州 | 袁幣（用途甚少）<br>龍洋（不甚通用）<br>雙洋（本省鑄者以此爲主幣） | 半毫銀幣 |
| | 汕頭 | 袁幣（極通行）<br>流通最多<br>光洋（爲墨西哥洋不多）<br>龍洋（係日本洋之鑿爛者及花旗外國雜洋現已不多見） | 小洋（主幣之一廣東鑄者） |

福建　福州　袁幣（最通行）　龍洋（日本龍洋）　角洋（以廣東福建所鑄爲限）
　　　　　　　　　　　　　鷹洋
　　　　　　大洋　　　　　杖洋（即站人洋）
　　　廈門　袁幣（市面極歡迎）　龍洋（日本龍洋）　角洋（以廣東福建所鑄者爲限）
　　　　　　　　　　　　　杖洋（即站人洋）
　　　　　　　　　　　　　鷹洋（又名白鷹市面甚少）
　　　　　　　　　　　　　西貢洋（亦可通用）
雲南　昆明　袁幣（中水）　龍洋　英洋　省洋（半元二毫一毫三種）
　　　　　　省洋（一名滇幣本省自鑄者）
貴州　貴陽　袁幣（最通行）　坐人（法國銀幣）　角洋（正毫）
　　　　　　龍洋　雜洋　日本　飛鷹　角洋（雜毫）

（三）各種銀元成色重量之比較

| （幣名） | （鑄造年代） | （每元重量）（庫平） | （成色） |
|---|---|---|---|
| 湖北龍洋 | 光緒 | 〇、七二二六 | 九〇三、七〇三 |
| | 宣統 | 〇、七二六一 | 九〇一、六九七 |

| | | | |
|---|---|---|---|
| 江南龍洋 | 光緒二十四年 | 〇、七二四六 | 九〇二、三二七 |
| | 光緒二十八年 | 〇、七〇七四 | 九〇二、七〇〇 |
| 廣東龍洋 | 光緒 | 〇、七二四五 | 九〇二、七〇〇 |
| 北洋銀幣 | 光緒三十三年 | 〇、七三九六 | 八九〇、〇〇〇 |
| 北洋機器局銀幣 | 光緒二十四年 | 〇、七二八九 | 八九〇、六六四 |
| 奉天機器局銀幣 | 光緒二十五年 | 〇、七二七四 | 八五六、五六二 |
| 奉天銀幣 | 光緒二十九年 | 〇、七〇五六 | 八四四、五二六 |
| 東三省銀幣 | 光緒三十三年 | 〇、七一九九 | 八九〇、〇六六 |
| 吉林銀幣 | 光緒二十六年 | 〇、六六八八 | 八八四、〇五九 |
| | 光緒三十一年 | 〇、六九七七 | 八九五、六七九 |
| 四川龍洋 | 光緒 | 〇、七一七九 | 八九六、六八二 |
| 安徽龍洋 | 光緒二十四年 | 〇、七二三九 | 八九四、六七六 |

| | | | |
|---|---|---|---|
| 造幣總廠銀幣 | 光緒 | 〇、七〇二九 | 九〇四、五二七 |
| 袁像幣 | 民國三年 | 四一四、七三(簡) | 八九〇、〇〇 |
| | 民國八年 | 四一三、三七 | 八九〇、〇〇 |
| | 民國九年 | 四一三、九九 | 八九〇、〇〇 |
| | 民國十年 | 四一四、六六 | 八九〇、〇〇 |
| 總理幣 | 寧廠(大阪化驗局化驗) | | 八八八、三〇 |
| | 杭廠(大阪化驗局化驗) | | 八九〇、五〇 |

(四)民國時代之金元

民國以來，雖屢有金本位虛金本位之建議，然金之使用，絕未見之。唯金元之鑄造，則尚有二種，流通數絕少，均爲紀念幣之性質也。

(一)袁世凱金幣　一九一九年，鑄造於天津。袁氏原擬作爲發行金幣之初步。未能成功，卽歸停止。金幣，一種爲十元者，一種爲二十元者；上有民國八年字樣。

十元者，重量一二八、八六五格林，grains 直徑二十二粍，幣厚一、七五粍，成色純金千分之八五〇。二十元者，重量二五七，九六三格林，直徑二十六粍，幣厚二粍，成色千分之八五〇。此外，尚有，袁氏十元之洪憲紀念金幣一種。

(二)雲南金幣　雲南金幣爲唐繼堯所鑄造。分五元及十元兩種。幣面有唐氏半身像；有「軍務院撫軍長唐」數字。一面爲國旗，上面有「擁護共和紀念金幣」八字；下爲「當銀幣五元」五字。大小直徑一八、七五粍，重量平均四、五一六 Grains。十元者，與五元者，形式全同。直徑爲二三、七五粍，平均重量八、五一〇 Grains。

# 第二編　銅幣

## 第一章　銅幣之種類

吾國歷代以來，流通貨幣中之最長久者，以銅幣爲最。上自唐虞三代，下迄近時，銅幣之行使，無代無之。且爲民間各種小宗交易之主要幣，雖間有鐵錢，錫錢，皮幣，發生，亦不過旋起旋廢，不能與銅幣比也。

考歷來流通之銅幣，綜括之，可分爲銅錢，與銅元二種。銅元，起於近代，爲時不過二三十年。銅錢，則自古卽用，有數千年之歷史。種類亦極繁多；而輕重形式，尤非一律。在太公九府圜法以前，所流通之交易媒介物，作價值之標準者，除貝帛珠玉之外，有泉、布、刀數種。泉形如鏟，布形如鐘，刀形如刀，均像形以立名。至太公秉政，創九府圜法，錢質以銅，外圓孔方，銅錢始有一定之形式。傳至今日，銅錢雖均爲圓形有孔之形式，而輕重大小，名稱種類，據歷史上之可舉者，不下千數百種。各朝均有不同，有旋鑄旋廢者，有流行數十年者，有流行數百年者，有流行一朝而下朝不能行使者，有僅能行使於本地，而他地不能通用者；大概流行最普遍最長久者，有五銖錢，及通寶錢制錢三種。

五銖錢，周郭完好，輕重得宜。自秦以後，至於隋末，流行七八百年，民間便利，雖間有廢止，不及數年，仍復其舊。至唐武德四年，改用通寶，五銖之名，始歸絕跡。繼五銖而起者，爲通寶錢。始於唐初，歷唐宋元三朝，垂亙七百餘年，凡所鑄之銅錢，均名通寶。遼金亦同是制。行用範圍之廣，尤甚於五銖錢。在此兩種銅錢行使之時期內，他種舊錢及新鑄他種錢之流通者，當然不知若干，然均輔助五銖或通寶而行，時期遠不及五銖通寶之長久，信用亦遠不及五銖通寶之佳也。制錢，則爲清代銅錢之專名詞，每更一帝，即鑄一種制錢。形式大小，相差不多。而他種古錢，均禁止不能流通，可爲銅錢內比較統一的時代。繼銅錢者，則爲銅元，流行至於現在，爲主要輔幣之一種。茲將歷朝以來，所流通之銅幣，（包括銅錢銅元）分代述之於後。

## 第二章　漢以前之銅幣

炎帝神農氏，起於烈山，藝五谷，立市廛，日中為市，致天下之民，集天下之貨，使為交易，其時尚無所謂貨幣也。交易，均以物品交換。至黃帝范金為貨，立金，刀，泉，布，帛五幣，以制國用，始創吾國貨幣之起源。虞夏時代，幣分三品：上者為珠玉，中者為黃金，下者為白金。亦尚無所謂銅質貨幣，幣形亦無規定。周興，太公立九府圜法，錢質用銅，外圓孔方，輕重以銖，貨幣制度，始有一律之定制，後世均以此為法。故論貨幣者，亦多以太公時，為貨幣起源之時代。

周初錢制，只有一品，至景王時，以錢輕，欲鑄大錢，名曰寶貨。徑一寸二分，重十二銖。肉（錢外形）好（孔也）皆有周郭。（錢邊）單穆公諫，不聽，卒鑄大錢。唯採用子母相權之道，小錢不廢，二品並行。亦如後世輔幣相權之制度，以是民蒙其利。故周初錢制，初為一品；至景王鑄大錢，而有二品。行之數百年，雖各國略有廢興，然圜法制度，固通行無阻也。

秦始皇滅六國，統一天下，更推廣圜法。以前流通之貝殼珠玉銀錫之屬，一律禁止爲幣。定銅錢之制度，質如周錢，文曰「半兩」，重如其文，爲下幣。與黃金（上幣）相輔而行，可爲吾國採用純金屬貨幣之始。漢興，高祖以半兩錢過重，不便行使，更鑄莢錢，形如榆莢，重一銖，半徑五分，文曰「漢興」，禁止私鑄。錢制改輕，於是物價騰踊，米石萬錢。高后二年，鑄八銖錢。文帝卽位，造四銖錢。文爲半兩，實重四銖。除盜錢之令，以致私鑄蠭起。如有銅礦者，均可鑄錢致富；吳王濞蜀鄧通等，均各擁銅山，鑄錢千萬，富埒王侯。自是以後，四十餘年間，吳鄧之錢，旣遍天下，而縣官又往往多卽銅山鑄錢，民間盜鑄者，尤不可勝數。以是錢出愈多，錢價愈輕，購買力下落，而物價昂貴矣。至景帝時，錢益多而輕，民間幾以鑄錢爲業。其時錢形，一面有文，一面幕幕爲質。奸民又盜摩漫面，又取其鎔屑，以更鑄錢。其法狡譎，雖六年曾有盜鑄棄市之律，無法禁之也。武帝初年，錢制更亂。而其時，適有匈奴之冠邊，連年出兵，用度困乏，於是有司議更造錢幣，以清理以前之積弊。乃廢四銖錢，（卽文帝時之半兩）改鑄三銖，重如其文。重申盜鑄之令。然民間之犯者，仍不可勝數。未幾，有司言三銖錢輕，易作姦詐，流行不便，乃令郡國鑄五銖錢，周郭其質，使奸民無法摩取其鋊。（卽摩取錢面以得銅屑）爲五銖錢之始。後以五銖錢出過多，錢輕，又更鑄赤仄錢，以一當五。凡賦官用，非此不得行。赤仄者，所謂子紺錢是也。錢形如五銖，較大，以赤銅爲其郭。二歲餘，以價格低落，又廢而不用。元鼎時，以鑄幣權，收歸中央專有，令郡國停止鑄錢，並銷一切輕錢，雜錢，爲銅塊，專令上林三官鑄錢。民間非三官錢，均不許用，以圖錢幣之劃一。於是民間鑄錢始少。王莽秉政，變漢制，仿周錢子母相權之法，更造大錢，徑一寸二分，重十二銖，值五十，文曰「大錢五十」。又造契刀，錯刀。契刀，直五百，錯刀直五千。（錯刀上有黃金錯字，曰「一刀」。唯錢質，則爲銅。）與五銖錢，凡四品相輔而行。其意以爲大小，均可兌換，行使極便於民也。後莽卽位，以劉字有金刀，乃均罷之。另改「寶貨」之制度，爲五物六名二十八品。五物者：金，銀，銅，龜，貝也。六名者：錢貨，金貨，銀貨，龜貨，貝貨，布貨也。二十八品者：錢六品，金一品，銀二品，龜四品，貝五品，布十品之謂也。鑄小錢，徑六分，重一銖，文曰小錢，直一。次徑七分，重三銖，爲幺錢直一十。次徑八分，重五銖，爲幼錢直二十。次徑九分，重七銖，曰中錢直三十。次徑一寸，重九銖，曰壯錢直四十。連前鑄造之大錢，五十，是謂二十八品中之錢貨六品。布貨，有大布，次布，弟布，壯布，中布，差布，厚布，幼布，幺布，小布，是謂寶貨中之布貨十品。質皆用銅，文質周郭。錢貨，依漢五銖錢之法，布貨，如周代之「布」形。貨幣制度之紊亂，至是已達極點，唯種類雖多，實際上能流通者，除金銀外，僅有小錢直一，與大錢五十二品。而其時天下擾亂，民間均私以五銖錢市買，寶貨愈不能通行。龜貝布屬，不過爲歷史上之名詞而已。光武誅王莽之後，復興五銖，民賴其便。然新莽時之貨幣，其流毒於民間者，殆六百年而未已也。

## 第三章　魏晉六朝之銅幣

貨幣中流通最廣者，爲五銖錢。重量一定，民間便之。故廢而復興者，數次。漢獻帝時，董卓秉政，曾壞五銖，悉取長安洛陽銅人，鐘簴飛廉銅馬之屬，以鑄小錢。小錢無輪郭文字，質輕用滯，於是物價騰貴，谷石至數萬錢。及曹操爲相，又復五銖之制度。曹丕時代，曾罷五銖，改以谷帛爲市，後以弊端百出，於明帝末年，又復五銖。數十年間，五銖興廢，凡三次焉。三國鼎立時，錢幣制度，各有不同。孫吳鑄當五百（嘉平五年鑄）當千（赤烏元年）大錢兩種。蜀漢鑄直百錢，平物價，文曰「直百」。

晉自併吞吳蜀以後，貨幣不聞有所更改，銅幣流通，仍沿各地舊習。元帝渡江後，規定參用魏五銖錢，及孫氏赤烏時鑄之舊錢，輕重雜行，大者謂之「比輪」，中者謂之「四文」，同時有吳興沈充者，亦鑄小錢，名曰沈郎錢，三者並行。安帝元興中，桓玄輔政，以銅幣銷燬私鑄，弊端百出，歸咎於交易媒介物之用錢，乃倡議仿魏明帝初年辦法，以谷帛交易，根本廢錢。後以反對者多未能實行。

宋劉裕受禪，立錢法，鑄四銖；輪郭形式，與五銖同。文曰「四銖」，重如其文。孝建初，（宋孝武帝）鑄「孝建四銖錢」。廢帝時，鑄二銖錢，文曰「景和」形式略小，民間模效私鑄者，極多。以上數者，民間均能通用，其無輪郭不磨鑢翦鑿者，謂之「來子」。尤輕薄者，謂之「荇葉」。其後沈慶之啓通私鑄，又有「鵝眼錢」之名。千錢長不盈三寸。比鵝眼錢尤劣者，謂之綖環錢。入水不沈，隨手破壞，價值萬錢斗米。銅錢之低劣，莫過於此。來子荇葉鵝眼綖環等錢，多係四銖二銖各種錢，經奸民磨鎔損壞者，及民間私鑄僞造者之別名。以其時官府，無一定錢幣制度，而民間私鑄作僞，復不能禁止，聽其自然，混雜行使，於是民間分別輕重價值，以便使用，乃有此種名目。至明帝泰始初，始禁鵝眼綖環，然其餘，均能通用，後又令僅用古錢。

後數十年，蕭梁代齊，其時除京師三吳荆郢江湘梁益，多用銅錢外，其餘州郡，仍雜谷帛以爲交易。武帝時，整理錢法。乃復鑄五銖錢。肉好周郭，文曰「五銖」

，實重四銖三參二黍。又令鑄較小之錢，除其肉郭。謂之公式女錢。徑一寸，文亦曰「五銖」，重如新鑄五銖，二品並行。唯古錢過多，輕重不一，百姓復有私造錢，以爲交易者，故其時流行者，有直百五銖，五銖女錢，太平百錢，定平百錢，五銖雉錢，五銖對文，等種。名目繁多，益爲淆雜。其時，錢價各有不同，自破嶺以東，八十爲百，謂之東錢；江郢以上，七十爲百，謂之西錢；京師以九十爲百，謂之長錢。梁末，又有所謂兩柱錢，（較重）鵝眼錢，（較輕）者，同時雜用。陳初，以兩柱錢較重，而價值無別，多鎔鑄匿跡，民間所沿用者，僅鵝眼錢一種，最爲普遍。文帝元嘉五年，乃改鑄五銖錢，規定一當鵝眼錢十枚。宣帝太建十一年，又鑄大貨六銖，一當五銖之十，與五銖並行。六銖錢，至陳亡時，即廢。

六朝時，南北分割，北朝錢幣，較南朝略爲整理。魏太和時，以大錢小錢之不便，行使太和五銖錢。民欲鑄者，聽就官爐；銅必精練，無得和雜。泉幣始有起色。永安中，改鑄永安五銖錢，一斤七十文，官民並鑄；於是錢價增高，民間無利可圖，私鑄者，逐漸減少矣。永安五銖，流行至北齊初年。文宣受禪，遷鄴以後，始除永安之錢，改鑄常平五銖，重如其文，其錢甚貴，而製造甚精。唯一二年間，私鑄甚多，至乾明皇建（去文宣十一年）之間，鄴中用錢，有赤郭，青熟，細眉，赤生等名目。至於齊亡，不能禁止。周初，尙沿用魏錢，至武帝保定元年，（五六一）乃更鑄布泉之錢，以一當五，與五銖錢並行。建德三年，（五七四）又鑄五行大布錢，以一當十，與布泉錢並行。宣帝大成元年，又鑄永通萬國錢，以一當千，與五行大布，五銖，三品並用。其梁益之境，又雜用古錢。

隋興，文帝勵精圖治，大加改革；以天下錢貨，輕重不一，乃更鑄五銖新錢，背面肉好，皆有周郭，文曰五銖，重如其文。每一千，重四斤二兩。（隋五銖錢，皆須和以錫鑞，唐書稱爲白錢，以其和錫色白也。）悉禁古錢，及私錢，沒官銷燬，自是錢幣始能劃一，民間便之，是爲銅幣統一之時代。周秦以降，迄於隋末，銅幣雖種類甚多，興廢不定，然能行之最久，輕重得宜，便利人民者，厥唯五銖。故可統稱此時期，爲五銖錢時代。

此時期中，又有所謂鐵錢者，行於梁普通中。其時，有謂泉幣不一，乃由於新錢爲古錢所逐，欲免此弊，非根本廢銅用鐵不可。於是改鑄鐵錢，然銅錢流行已久，數量甚多，斷非一時所能改革。且鐵賤而易得，民皆私鑄，以致鐵錢多如邱山。交易者，唯以貫計，流毒甚久。直至陳初，鐵錢始不能通行。

## 第四章　唐代五季之銅幣

隋末，天下紛亂，羣雄割據，錢幣制度，漸趨破壞。加以私鑄日多，流行益濫，錢薄如葉，每千幾不及一斤之重；甚至鐵片皮紙，亦均用以爲錢。唐初定天下，民間所通用者，仍爲量小質輕之綫環錢，凡八九萬，才滿半斛。至高祖武德四年，始廢隋之五銖，更鑄開元通寶。徑八分，重二銖四絫，（十黍爲絫十絫爲銖）每錢一千，重六斤四兩。輕重大小，最爲折衷，是爲通寶錢之始。嚴禁盜鑄，犯者死，沒其家屬。開元通寶，初行時，民間咸稱其便；後以盜鑄甚多，惡錢充斥，乃令官爲市之，善錢一文，買惡錢五文，以便收集，弊仍不息。高宗卽位，乃改鑄新錢，（乾封元年）名乾封泉寶，徑一寸，重二銖六分，以一當舊錢之十。旣而以穀帛踊貴，商賈不行，罷之。復行開元通寶。然私鑄極盛，雖嚴刑峻法，亦不能止。武后長安時，懸樣於市，令百姓依樣用錢。未幾，以揀擇繁難，交易停滯，乃令錢非鐵錫銅蕩穿穴者，並許行用。於是錢弊，益趨紊亂矣。明皇平韋氏之亂，進用賢臣，重行開元通寶錢。嚴申盜錢之禁，凡錢重二銖四分以上者，乃得行。斂民間惡錢，盡鎔而更鑄之，然利之所在，害必隨之。江淮間，貴戚大商，以上有收惡錢之令，往往以良錢一易惡錢五，載入長安，市井不勝其苦。加以玄宗末年，溺於聲色，百政廢弛，以致天下盜鑄蠭起，鑄幣有官鑪偏鑪之稱。公鑄者，號官鑪錢，一以當偏鑪錢七八。江淮之間，偏鑪錢多至數十種。雜以鐵錫，輕漫無復錢形。兩京尤雜，有鵝眼，古文，線環，之別，每貫重不過三四斤。甚至翦鐵穿之，卽謂錢一緡。唐代貨幣之亂，以此時爲最甚。肅宗時，第五琦理財政，以國用未足，幣重貨輕，乃請鑄乾元重寶錢，徑一寸，每緡重十斤，以一當十，與開元通寶參用。及琦爲相，又鑄重輪乾元大錢，一當五十，每貫重十二斤，與乾元重寶開元通寶三品並用。旣而以私鑄過多，改重輪大錢，一當三十。開元舊錢，與乾元當十錢，皆以一當十。代宗卽位，乾元重寶錢，以一當二，重輪錢，以一當三。凡三日而大小錢皆以一當一，至於人頗便之。唯乾元重輪二種，均鑄爲器，不復出矣，唐代之錢，以開元通寶，最爲得中，流行數百年，民間鮮有私燬之者。

唐亡，天下大亂，梟雄四起，各據一方。貨幣種類，亦各有不同。楚王殷以湖南地多鉛鐵，鑄鉛錢。唯流行僅能及於境內，商旅出境，無所用之，皆易他貨以去。石晉時，聽公私鑄錢，質銅，不得雜以鉛鐵。每一錢重二銖四參，十錢重一兩。文曰「天福元寶」。周郭威受漢禪，以民間銷錢爲器皿者過多，敕縣官鑄錢。其時南唐鑄大錢，以一當十，文曰永通泉貨。又鑄鐵錢，以一當二。考五代時，錢有銅鐵二種，相承而用。唐錢，鐵錢之制，初時，每十錢，以鐵錢六權銅錢四而行。卽每十錢內，鐵錢六而銅錢四，以便流通。乾德後，改只許以鐵錢貿易，十當銅錢之一。兩浙河東，自鑄銅錢，亦如唐制。四川湖南福建，皆以鐵錢，與銅錢兼行。湖南錢文曰「乾封泉寶」。徑寸，以一當十。自唐開元以至五季之末，民間所流行者，以通寶錢爲最盛。故可統稱此時期，爲通寶錢時代。

# 第五章　宋遼金之銅幣

## (一)宋代之銅鐵錢

宋代之貨幣制度，在吾國貨幣史上，起一大變化。卽由硬幣時代，而遞進於信用時代。唯宋初所行使者，則尙全屬硬幣。幣材有銅鐵兩種，初以銅錢爲主要。太祖建隆三年，鑄「宋通元寶」。同時嚴禁諸小惡錢流通於民間，令限一月內，輸送於官。並嚴禁私鑄，僞造者。復限制銅錢，不准輸出於江南塞外，及南番諸郡。以是銅錢之流通，頗廣。太宗時，於鎭江昇州江西饒州諸地，置錢監，鑄錢。太平興國元年，鑄太平通寶。淳化元年，鑄淳化元寶。至道元年，鑄至道元寶。並規定以後，每改元，卽更鑄錢，皆曰元寶，而冠以年號。同時以原料缺乏，令於饒州信州產銅地，開採銅礦，並收集銅器，以爲補救之策。仁宗時，命凡貨幣，均以「皇宋通寶」爲名。幣質，均用銅。同時，有小平錢之流行。其時鑄錢制度，凡用銅三斤十兩，鉛一斤八兩，錫八兩，可得千錢。重五斤。建州銅錢，則增銅五兩，減鉛五兩。景佑時，有三司度支判官許申者建議，以銅鐵混合鑄錢；用銅三成，鐵六成，詔用其法。唯銅鐵混合，質甚流澀，而多不就，以致耗工多，而出錢少。故不久，卽罷。崇寧中，廢小平錢，及折五錢。立錢鋼驗樣法。當十錢，每緡用銅九斤七兩有奇，鉛半之，錫居三分之一，頒其法於諸路。後以小平便民，不能廢，遂命江池饒建諸州，以八分鑄小平，以二分鑄當十錢。宣和時，有宋喬年者，創烏背鹿銅錢。其法甚善，詔頒行於諸路。高宗時，鑄建炎通寶，小平錢，當二錢，當三錢，及紹興元寶，小平錢，折二錢，折三錢，數種。孝宗時，又有淳熙元寶，乾道元寶，隆興元寶，三種。寧宗時，又有慶元，嘉泰，嘉定，開禧四種；又有小平錢，折二錢，當三錢，當五錢，之別。理宗時，行大宋元寶錢。（寶慶元年）紹定通寶，端平通寶，嘉熙四年，又鑄嘉熙通寶，嘉熙重寶，二種。又有淳祐通寶，淳佑元寶，（當百）皇宋元寶錢，開慶通寶，景定元寶等。度宗時，鑄有咸淳元寶錢。

宋代鐵錢行使之廣，雖遠不及銅錢。然時期之長久，則亙南北西宋，爲歷史上所未有。當太祖初年，曾禁鐵錢。至開寶三年，又令雅州百丈縣，置監鑄鐵錢，兼行銅錢，一當鐵錢十。蓋蜀郡一帶，自宋初時，卽沿舊習，行使鐵錢。而宋代銅產稀少，材料常感困乏，以是鐵錢亦時有鑄造。太平興國時，以福建產銅少，令建州鑄大鐵錢，與銅錢並行。鐵錢每千，等銅錢七百七十。河東亦鑄大鐵錢。江池饒儀等州，則鑄小鐵錢。河東錢三，當銅錢之一。慶曆中，陝西河東均用鐵錢。後小鐵錢，只行於河東。陝西則用銅錢，及大鐵錢，以一折二。神京熙寧八年時，諸路鑄錢，總計二十六監。銅錢占十七監，鐵錢九監。所鑄鐵錢，每歲八十八萬九千二百三十四貫。銅錢行使之地，爲開封府界，京東路，京西路，河北路，淮南路，兩浙路，福建路，江南東路，江南西路，荊湖南路，荊湖北路，廣南東路，廣南西路等，十三路。鐵錢行使者，有成都府路，梓州路，利州路，夔州路等四路。銅鐵錢，均通行者，有陝府西路，河東路。大概宋時鐵錢之行使，多在邊境。銅錢之行使，多在內地也。

宋代又有夾錫錢者，起於蔡京。以一折銅錢二。其法，每緡用銅八斤，黑錫半之，白錫又半之，京罷政後，有司以擾民爲言，乃罷之。

### （二）遼之銅錢

契丹舊俗，重遊牧，分部落，富以馬匹計，逐水草而居，民無定所，亦無貨幣之交易。自耶律氏興盛以來，製造日增，文化進步，始置鹽鐵轉運使，及度支錢帛諸司。色勒迪爲額爾奇木時，以土產多銅，始鑄錢以濟國用，便交易，太祖襲用之，鑄天贊通寶錢。徑九分，重三銖六絫。至景宗時，以舊錢不足，又鑄乾亨新錢，設鑄錢院。聖宗又鑄太平錢，新舊並用。興宗鑄重熙通寶錢。道宗之世，錢有四種，曰咸雍，曰太康，曰大安，曰壽昌，皆因改元而易名也。

(三)金之銅錢

金初起時，行使貨幣，均襲用遼宋之舊錢。正隆三年，始置寶源，寶豐，利用三監，鑄錢。文曰正隆通寶。輕重等於宋之小平錢，而肉好過之。十六年，又鑄大定通寶。字文肉好，過於正隆錢。蓋其料，微用銀也。泰和三年，鑄大錢。以一直十，文曰泰和重寶。字篆背文爲二螭虎。金代多用交鈔，故鑄錢甚少。

## 第六章　元明兩代之銅幣

元代爲廢錢用鈔之時代。故銅錢之鑄造，極少。而市面上亦極不流通。當世祖至元十四年時，即禁江南行使銅錢，以爲廢宋錢用寶鈔之初步。同時又拘收天下銅錢，實行推廣鈔法。直至武宗至大三年，始行錢法。鑄至大通寶，大元通寶二種。至大通寶，一文準至大銀鈔一釐。大元通寶一文，準至大通寶十文。歷代銅錢，與至大錢通用。然爲時不過一年，又歸廢止。此後順帝至正十年，鑄至正通寶。亦旋起旋廢。故終元之世，所行使者，銀及寶鈔。銅錢迄未能長久流通也。

明代貨幣，雖仍極力推行鈔法，然銅錢之整理，則較元代爲優。太祖未即位時，即令置寶源局於應天府，鑄大中通寶錢，與歷代銅錢兼行，以四百文爲一貫，四十文爲一兩，四文爲一錢，設官專管。定天下後，洪武元年，復頒行洪武通寶錢，令各省均設寶泉局，以資鼓鑄。（明初鑄錢設立錢局在京者，曰寶源；在外者，曰寶泉，後亦無別。）錢分大小五等：當十，當五，當三，當二，當一。當十者，重一兩，當五者，重五錢，餘均依其所當之數。洪武四年，改鑄大錢，爲小錢。二十二年，更定錢式；每生銅一斤，須鑄小錢百六十文。繼又改小錢一文，用銅一錢二分。成祖即位，差官於浙江江西廣東福建四布政司，鑄永樂通寶錢。蓋是時，鑄錢之寶泉局，歸布政司管理。宣宗宣德九年，又於此四省，鑄宣德通寶錢。英宗天順四年，令准兼用古錢制錢，禁民挑選。除假錢錫錢外，無論朝代，均可行使。其後孝宗弘治十六年，鑄弘治通寶。世宗嘉靖六年，鑄嘉靖通寶。每文重一錢三分。令北京寶源局，鑄一千八百八十三萬四百文。南京寶源局，鑄二千二百六十六萬八百文。每錢七百文，准銀一兩。穆宗隆慶四年，鑄隆慶通寶。萬曆四年，令仿嘉靖錢式，鑄萬曆通寶。金背及火漆錢，亦流通。每文重一錢二分五釐。同時，又有嘉靖鏇邊錢。天啓間，鑄泰昌錢。既又用王象乾之言，仿漢武白金三品之制，鑄大錢；分當十，當，當百千，三等。崇禎時，錢式尤不一，多而彌賤，乃議改革錢法。每文規定，重一錢；每千錢，值銀一兩。又令收古錢，盡消毀之。惜流賊猖獗，煤山變作，未及根本改革之也。

考明代之銅錢，有制錢，及舊錢二種。二百年來，均係兩者並用。嘉靖以後，始有金背火漆鏇邊諸名。制錢即本朝所鑄之洪武，永樂，嘉靖，諸通寶錢之完好者。

舊錢，卽係先代舊有流行之古錢。（如開元太平淳化祥符）二者雖同一行使，然價值相差甚巨。如嘉靖時，（三年）制錢七十文，准銀一錢。舊錢則百四十文，准銀一錢。惡錢在民間，有三四十文至六七十文，當銀一分者。隆慶初時，令本朝制錢，與先代舊錢，俱以八文折銀一分。六年，又改定凡嘉靖，隆慶，萬曆，制錢。金背，每八文，准銀一分。火漆鏇邊，各十文准銀一分。洪武等項，與前代舊錢，各十二文，准銀一分，相兼行使。十三年時，改銀一分可抵萬曆金背錢五文。嘉靖金背四文。十五年，改定嘉靖金背，每五文折銀一分。萬曆金背，每八文折銀一分。金背之內，又有不同之價值矣。

## 第七章　清代之制錢

淸代自太祖太宗以來，卽有鑄錢之令。天命元年，鑄錢二品。爲天命通寶錢。一爲滿文，一爲漢字。天聰元年，鑄天聰通寶錢。亦二品。輪郭外周，均甚完美。入關後，設寶泉寶源二局；寶泉屬戶部，寶源屬工部，鑄順治通寶，每文重一錢，頒其制於河南陝西直隸一帶，令開局鼓鑄。二年，定錢制，改爲每錢重一錢二分。七文準銀一分，舊錢以二當新錢之一，凡十四文，準銀一分。官以此徵收，民以此輸納，又禁用前代舊錢。四年，更定錢值，每十文準銀一分。八年，又改定錢制，每文重一錢二分五釐。十年，鑄一釐字錢，每千文，準銀一兩。面刻漢文「一釐」二字。十五年，以私鑄過多，錢多壅滯，乃命各省停鑄，以資劃一。令京師錢局，專鑄順治通寶錢，較舊錢體質，略加闊厚，每錢重一錢四分。十七年，以交通阻隔，錢難流通，復令各省鼓鑄局開鑄。康熙即位，鑄康熙通寶錢，輕重如舊制，與順治通寶兼行。繼又令各省停鑄。並令收買一釐字錢，每斤給直六分，以便改鑄新錢，重一錢，謂之康熙小制錢，名「京墩」。二十三年，以銷毀弊多，仍改重一錢。四十一年，以私鑄競起，又復每錢一錢四分之制，錢式改鑄，務令分量準足，以杜弊端。每千文，準銀一兩。其先所鑄之京墩，每千準銀七分。雍正即位，鑄雍正通寶，與順治，康熙，大小制錢並行。四年，寶泉局分設四廠，以舊廠爲公署，收貯鉛銅，西廠置鑪十四座，東廠及南北二廠，各置鑪十二座，共正鑪五十座，以便鼓鑄。又以銅產甚少，令禁以黃銅造器具，違者，治以重罪。錢質，鉛銅各半；每銀一兩，祇許換制錢十文。令江西浙江湖北湖南各省開鑄。十二年，復定錢制：每文重一錢二分。乾隆元年，頒行乾隆通寶錢，重如雍正十二年之例；除用黃銅器具之禁。二十四年，平回部。令戶部頒發錢式，用紅銅鑄錢，重二錢，文曰乾隆通寶。以易回部舊錢，更鑄以資回部之用。（回部舊錢，質爲紅銅，名普爾，重二錢；錢形小而厚，外有輪郭，中無孔，五十文，直銀一兩。）嘉慶元年，鑄嘉慶通寶。淸室錢，咸以通寶爲名，而冠以年號。道光時，有道光通寶。咸豐三年，以兵餉不足，鑄大錢，分當千，當五百，當百，當五十，當十，五種。當千者，重二兩；後以不能流通，乃令祇鑄當十當五二種，當百當五十少數而已。又改制錢重量，爲八分。同治卽位，乃沿八分之制，採用洋銅，以資鼓鑄。光緒年，仍鑄當十大錢。（實抵制錢二文）及一文制錢。三十一年，改錢制，重爲六分。三十四年，復減至三分二釐。其時各省，已大鑄銅元，民咸便之。銅元日多，制錢之用，日益少矣。

清代制錢，輕重得當；而錢之多寡，俱準銀之重輕，以爲上下。故終清之世，制錢流通如一。卽盜鑄者，亦不及前代之多也。

## 歷代銅錢流行種類表

| 朝代 | 名目 | 價值 | 興廢時期 | 備註 |
| --- | --- | --- | --- | --- |
| 周 | 小錢 | | 周初 | |
| | 大錢（寶貨） | | 周景王時 | |
| 秦 | 半兩錢 | 半兩 | 秦初 | |
| 西漢 | 楡莢錢 | 五銖 | 漢高帝時 | |
| | 八銖錢 | 八銖 | 漢高后時 | |

| | | | |
|---|---|---|---|
| 四銖錢 | 四銖 | 漢文帝時 | |
| 三銖錢 | 三銖 | 漢武帝建元元年五年廢 | |
| 五銖錢 | 五銖 | 漢武帝時 | |
| 大錢 | 直五十 | 王莽時 | |
| 小錢 | 一銖直一 | 王莽時 | 錢貨六品之一 |
| 幺錢 | 三銖直十 | 王莽時 | 仝上 |
| 幼錢 | 五銖直二十 | 王莽時 | 仝上 |
| 中錢 | 七銖直三十 | 王莽時 | 仝上 |
| 壯錢 | 九銖直四十 | 王莽時 | 仝上 |
| 赤仄錢 | | 漢武帝時 | |
| 東漢 | | | |
| 五銖 | 五銖 | 漢光武時 | |
| 小錢 | | 漢獻帝時 | 董卓壞五銖鑄小錢 |

| | | | | |
|---|---|---|---|---|
| 魏 | 五銖錢 | 五銖 | 魏文帝時 | |
| 蜀 | 直百錢 | 直百 | 昭烈帝時 | |
| | 五銖錢 | | | |
| 吳 | 當五百錢赤烏 | 當五百 | 孫權時 | |
| | 當千赤烏 | 當千 | 孫權時 | |
| 晉 | 比輪錢 | | 晉元帝時 | 即參用五銖及赤烏錢大者曰比輪中者謂四文 |
| | 四文錢 | | 晉元帝時 | |
| | 沈郎錢 | | 晉元帝時 | 沈充所鑄小錢 |
| 宋 | 四銖錢 | 四銖 | 宋文帝元嘉七年 | |
| | 孝建四銖 | | 孝武時 | |
| | 景和二銖錢 | 二銖 | 廢帝時 | |
| | 來子 | 劣 | 宋劉裕時 | 爲各種雜錢之別名 |

| | | | | |
|---|---|---|---|---|
| | 荇葉 | 最劣 | 宋劉裕時 | 仝上 |
| | 鵝眼錢 | 劣 | 宋時 | 仝上 |
| | 綖環錢 | 最劣 | 宋時 | 仝上 |
| 梁 | 四柱錢 | | 梁初 | |
| | 五銖二品 | | 武帝時 | |
| | 公式女錢 | 五銖 | 武帝時 | |
| | 大平百錢 | 四銖 | 武帝時 | |
| 陳 | 五銖錢 | 一當鵝眼十 | 文帝天嘉五年改鑄 | |
| | 大貨六銖 | 初爲一當五銖三十 | 宣帝太建時 | |
| 魏 | 太和五銖 | | 孝文帝時 | |
| | 永安五銖 | | 永安時 | |
| 北周 | 布帛錢 | 一當五 | 武帝保定時 | |

隋　唐　宋

| | | |
|---|---|---|
| 五行大布錢 | 一當十 | 武帝建德時 |
| 永通錢 | | 宣帝大成時 |
| 五銖 | 五銖 | 開皇時 |
| 開元通寶 | 二銖四參 | 高祖武德時鑄通用一代 |
| 乾封泉寶 | 一當舊錢十文 | 高宗乾封時鑄 |
| 宋通元寶 | | 太祖建隆時 |
| 太平通寶 | | 太平興國元年 |
| 淳化元寶 | | 淳化元年 |
| 至道元寶 | | 太宗時 |
| 小平錢 | | 高宗時 |
| 淳熙元寶 | | 孝宗時 |
| 乾道元寶 | | 孝宗時 |

| | | |
|---|---|---|
| 隆興元寶 | | 孝宗時 |
| 慶元元寶 | | 寧宗時 |
| 嘉泰元寶 | | 寧宗時 |
| 嘉定元寶 | | 寧宗時 |
| 開禧元寶 | | 寧宗時 |
| 嘉熙通寶 | | 理宗時 |
| 嘉熙重寶 | | 理宗時 |

## 遼

| | | |
|---|---|---|
| 天贊通寶 | 三銖六參 | 遼初 |
| 乾封新錢 | | 景宗時 |
| 重熙通寶 | 三銖 | 興宗時 |
| 咸雍 | | 道宗時 |
| 太康 | | 道宗時 |

## 金

| | | |
|---|---|---|
| 大安 | | 道宗時 |
| 壽昌 | | 道宗時 |
| 正隆通寶 | | 正隆時 與宋小平錢輕重相等 |
| 大定通寶 | | 世宗時 |
| 泰和重寶 | 一直十 | 泰和三年 |

## 元

| | | |
|---|---|---|
| 至大通寶 | | 武宗時 |
| 大元通寶 | 一準至大通寶十文 | 武宗時 |
| 至正通寶 | | 順帝時 一年即廢 |

## 明

| | | |
|---|---|---|
| 大中通寶 | | 太祖未即位時鑄 |
| 洪武通寶 | 分大小五等當十當五當三當二當一 | 洪武元年 |
| 永樂通寶 | | 成祖永樂 |
| 宣德通寶 | | 宣宗宣德九年 |

## 清

| | | | |
|---|---|---|---|
| 弘治通寶 | | 孝宗弘治十六年 | |
| 嘉靖通寶 | 每文重一錢三分 | 世宗嘉靖六年 | |
| 隆慶通寶 | | 穆宗隆慶四年 | |
| 萬曆通寶 | | 武宗萬曆四年 | 有金背火漆兩種 |
| 嘉靖鏇邊錢 | | 嘉靖時 | |
| 泰昌錢 | | 天啓間 | |
| 天命通寶 | | 天命元年 | |
| 天聰通寶 | | 天聰元年 | |
| 順治通寶 | | 順治元年 | |
| 一釐字錢 | 千文準銀一兩 | 順治十年 | |
| 康熙通寶 | | 康熙元年 | |
| 康熙小制錢 | | 康熙時 | 收回一釐字錢改鑄又名京墩 |

| | | |
|---|---|---|
| 雍正通寶 | 雍正元年 | |
| 乾隆通寶 | 乾隆元年 | |
| 嘉慶通寶 | 嘉慶元年 | |
| 道光通寶 | 道光元年 | |
| 咸豐大錢 | 咸豐三年 | 當千當五百當百當五十當十共五種 |
| 咸豐通寶 | 咸豐時 | |
| 光緒通寶 | 光緒時 | |

# 第八章　現代之銅元制度

## (一)銅元之起源

銅元之行使，距今不過二十八年。在銅元制度未創行以前，吾國行使之銅幣，均為銅錢一種。故銅元與，而吾國之泉幣制度，起一大變化。當前清洪楊亂時，各省官錢局，皆停鑄制錢，而軍餉增加，財源困乏，加以海外生銅，輸入阻礙，供求不應，銅價日昂，制錢鑄造，既已歸停頓，而民間熔解者，又日益增多，以是市面流通，益趨減少，發生錢荒之險象。光緒二十三年，有江西道監察御使陳其璋者，始奏請鼓鑄大小銅元三種：上品重四錢，中品二錢，下品一錢，以補制錢之不足，唯未能實現。直至光緒二十六年，兩廣總督李鴻章，以日本香港等處之輔幣制度極佳，謀仿鑄之，以救濟制錢之缺乏，奏請於粵設局先行鑄造，爲中國銅元制度之起源。二十七年，以粵省試鑄銅元，成績頗佳，民間稱便，樂於行使，值此制錢不敷周轉之時，銅元制度，確爲不可緩之建設，乃諭令沿江沿海各省仿造。於是各省，大鑄銅元。銅元遂流通遍於全國矣。

(二)銅元之種類

當銅元初鑄於廣東之時，原定爲一枚銅元，即所謂單銅元者；規定每百枚，換銀幣一元，每枚當銀一分。其後各省次第開鑄，又加鑄當二十銅元，當五銅元，當二銅元，當一文銅元，四種；而以前幣面上「百枚換銀幣一元」之字樣，亦多換爲「每元當制錢十文」數字，無論北洋戶部廣東，均同是例。民國五年，所鑄銅元，亦尙分當錢當銀二種：當錢者，幣面上爲當二十文，當十文。當銀者，幣面上爲「每一百枚當一元」，（卽每枚當一分）及「每二百枚當一元」，（卽每枚當五釐）二種。後者，爲民國五年鑄造，中有圓孔。

光緒三十一年時，所訂整理圜法章程內，原規定銅元有當二十，當十，當五，當二，四種；其成色，用九五紫銅，五釐白鉛，顧用點銅錫一釐者，聽。分量則當二十文者，重庫平四錢；當十者，重庫平二錢；當五者，重庫平一錢；當二者，重庫平四分。由戶部頒發祖模。唯於正面加鑄省名。至民國三年時，重定國幣條例，銅元亦有下列數種：

二分銅幣　總重二錢八分銅九五錫百之四鉛百之一

一分銅幣　總重一錢八分成色同前

五釐銅幣　總重九分成色同前

二釐銅幣　總重四分五釐成色同前

一釐銅幣　總重二分五釐成色同前

以上爲銅元大小之種類。若自各省鑄造上分之，種類尤爲龐雜。其實自理論上言，銅元既頒發祖模，各省鑄幣廠所鑄，均應一律，成色價值，毫無分別，幣面雖有省名，均應流通全國，無所謂以省分類也。然吾國之銅元制度，不然：各省之銅元，所用材料，既不相同，而成色重量，又彼此差異，以致各省銅元之價值，毫不一致。有流通於本省，而他省不能用者；亦有流通於某某數埠，而他埠不能用者。約略計之，不下數十種。茲表列於左：（數字爲重量。單位格蘭姆。）

| | | | |
|---|---|---|---|
| 廣東 | 七·三七 | 川 | 七·三二 |
| 湖北 | 七·三三 | 鄂 | 七·三一 |
| 湖北 | 七·六四 | 汴 | 七·三〇 |

(一)光緒元寶(十文)

| | |
|---|---|
| 湖南 | 六・九八 |
| 湖南黃銅元 | 七・四四 |
| 安徽 | 七・五三 |
| 清江 | 七・四六 |
| 江西 | 六・八八 |
| 江蘇 | 七・六六 |
| 北洋 | 七・四六 |
| 山東 | 七・三六 |
| 浙江 | 七・一三 |
| 福建 | 七・三五 |

| | |
|---|---|
| 四川二百文(赤) | 二六・九九 |
| 四川二百文(黃) | 二五・九三 |

(二)大清銅幣(十文)

| | |
|---|---|
| 湘 | 七・三五 |
| 東 | 七・三六 |
| 奉 | 七・〇〇 |
| 皖 | 六・八三 |
| 直 | 七・三二 |
| 寧 | 七・三八 |
| 閩 | 七・一八 |
| 粵 | 七・四一 |
| 光緒年造 | 六・五三 |
| 宣統年造 | 六・三九 |

| | |
|---|---|
| 新二十文者 | 一〇・〇五 |

（三）四川銅幣
- 四川二百文（赤） 二一・九二
- 四川一百文（黃） 二一・五九
- 四川軍政府十文 七・四三

（四）湖南銅幣
- 舊二十文者 一〇・九九

（五）開國紀念幣
- 一， 五・九二
- 二， 六・四三
- 三， 六・七八
- 四， 七・五六

（六）中華民國銅幣
- 赤 六・六四
- 黃 五・三八

自上觀之，銅元數十種內，無有重量相同者。大概民國以前者，謂之舊型銅元。民國所鑄，刻有交叉國旗者，謂之新型銅元。此外四川省，又鑄有當二百文，當一百文，當五十文之銅元數種。當銅元初鑄時，原取其大小適中，行使便利，不意不及十數年，銅元之種類，愈出愈多，與制錢不相上下，混亂已極，直接間接之影響於國計民生者，至重且大。當局者，不可不加以切實之整理也！

### (三)銅元之流通

銅元之種類既多，而重量成色，又彼此不同，以至價値亦漫無標準。黃銅元與紅銅元價不同，一省與一省互異。價値不同，以是流通上亦有限制。五文二文一文銅元，以鑄造極少，市面上不可多見；固無論矣。即最多之二十文，十文銅元，亦有限定之行使區域。現時五文銅元，僅流通於河北一省。亦極稀少。他省更無使用之者。當十銅元，自開鑄以來，流通最多，幾遍全國。自民國六年七年湖北湖南等省，鑄造當二十銅元以後，當十銅元之流通，日漸減少。一方面由於人民之銷鑄，一方面由於人民之匿藏。純係價値相差，惡貨幣驅逐良貨幣之現象。而多數鑄幣廠，不加鑄當十銅元，亦爲其一最大原因也。近年以來，當二十銅元，愈鑄愈多。流通之區域，範圍亦廣。中國中部如湖北河南安徽江西均一律行使當二十銅元。北部諸省，自天津造幣廠於民國十一年開鑄當二十銅元以後，直至現在，亦均流通當二十銅元。現時當二十銅元，不能流通之區域，僅有上海南京杭州及江蘇浙江其他各地。均只限行使當十銅元。

當五十，當一百，當二百之銅元，充斥於四川之重慶成都各地，而以當一百者，爲最多。（當五十者，民國十年前，最爲合用。現因停鑄，略爲減少。當二百者，亦以人民反對，停鑄。）當十當二十者，幾已絕跡。

至於新銅輔幣一種，（卽一分及五釐中有圓孔者）原規定由財部咨行各省，一律通用，所有賦稅釐捐，及輪船郵電，一切收入，均遵國幣條例收受，不許稍有折扣。唯自發行以來，雖由津廠專鑄，頗能統一，然推行極爲阻滯。而鑄造不多，現時除鐵道上，間以找尾數外，民間幾無有授受者矣。

## 第九章　近代銅元價格之變遷

### (一)近年來銅元跌價之情形

當銅元初開鑄時，規定爲百枚換銀幣一元，唯以初次進行，信用甚著，鑄造亦良，而制錢缺乏，以是實際上銀元一元，僅可換得銅元八十枚左右。據海關報告，光緒三十一年以前，膠州銅元八十枚兌洋一元。同時安慶爲九十五枚。蘇州約八十八枚。杭州約九十枚。上海九十二枚，至九十五枚之間。爲銅元價格最優之時代。唯貨幣制度，以價格固定爲原則，跌價固爲惡劣情形，漲價亦非善果，故此項銅元之漲價，適足以引起濫鑄諸弊之發生。蓋其鑄造所得之利益，甚大，各省競相鑄造，而供過於求，價格反又下落。上海價格至光緒三十一年十二月下旬，每元可換銅元百零七枚。三十二年，跌至一百十枚。商民大起恐慌。至三十四年時，跌至百二十枚。民國元年，跌至一百二十三枚。三年，跌至一百三十九枚。歐戰期間，尙能維持在一百二三十枚之間。民國九年，歐戰以後，輕質銅元發現，價復下落。是年十二月，每元可換一百四十一枚。民國十年，十二月，又跌至一百五十四枚。十一年六月，最低價一百七十三枚。自後愈跌愈甚，至本年六月，（十七年六月）每元已可換至二百九十二枚。距光緒開鑄時，不過二十八年，而銅元之跌價，已相差二百一十二枚之多，此種情形之影響於國民經濟者，極爲重大，當可想見。然此係單銅元之價格。至於雙銅元之價格，更爲低落。民國十二年時，每元卽換二百枚以上。十五年，跌至三百五十枚左右。茲將上海漢口天津三埠，歷年銅元之跌價情形，列表於後。上海可以代表單銅元價格之變遷。漢口天津可以代表雙銅元價格之變遷，而漢口天津尤可以表明同一銅元，而兩地價格，彼此互異也。

一、上海銅元市價表（銀元一元合銅元數）

| 年次 | 六月末 | 十二月末 |
|---|---|---|
| 光緒二十八年（一九〇二） | — | 八〇 |
| 二十九年（一九〇三） | — | 八四 |
| 三十年（一九〇四） | — | 九〇 |
| 三十一年（一九〇五） | — | 一〇七 |
| 三十二年（一九〇六） | — | 一一〇 |

| | | |
|---|---|---|
| 三十三年(一九〇七) | — | 一一六 |
| 三十四年(一九〇八) | — | 一二三 |
| 宣統元年(一九〇八) | — | 一二七 |
| 二年(一九〇九) | — | 一三一 |
| 三年(一九一〇) | — | 一三四 |
| 民國元年(一九一一) | 一三二 | 一三三 |
| 二年(一九一二) | 一三〇 | 一三〇 |
| 三年(一九一三) | 一三五 | 一三九 |
| 四年(一九一四) | 一三九 | 一三六 |
| 五年(一九一五) | 一三九 | 一二七 |
| 六年(一九一六) | 一三一 | 一二九 |
| 七年(一九一七) | 一三一 | 一三二·九 |

| | | |
|---|---|---|
| 八年(一九一八) | 一三五・五 | 一三六 |
| 九年(一九二〇) | 一三八 | 一四一・五 |
| 十年(一九二一) | 一五〇・三 | 一五四・六 |
| 十一年(一九二二) | 一七三・四 | 一八一・三 |
| 十二年(一九二三) | 一八一・三 | 一八二・二 |
| 十三年(一九二四) | 一九六・八 | 二〇七・三 |
| 十四年(一九二五) | 二三八・五 | 二四八・四 |
| 十五年(一九二六) | 二六二・九 | 二七〇・六 |
| 十六年(一九二七) | 二七八・八 | 二六八・六 |

二、漢口銅元市價表(每元換銅元數)

| 年次 | 六月末 | 十二月末 |
|---|---|---|
| 民國十二年(一九二三) | 三三五 | 三四四 |

| | | |
|---|---|---|
| 十三年(一九二四) | 三二二 | 三四六 |
| 十四年(一九二五) | 二四四 | 二七九 |
| 十五年(一九二六) | 二三〇 | |

三、天津銅元市價表

| 年次 | 六月末 | 十二月末 |
|---|---|---|
| 民國十二年(一九二三) | 一九四 | 二〇六 |
| 十三年(一九二四) | 二二六 | 三〇二 |
| 十四年(一九二五) | 二九二 | 三三六 |
| 十五年(一九二六) | 三六五 | 三五八 |
| 十六年(一九二七) | 三六八 | 三七〇 |

(二)銅元跌價之原因及其影響

考吾國銅元跌價之原因，頗多。其最重要者，則爲濫鑄與成色惡劣二種：

(一)濫鑄銅元　經濟上之原則，無論何種物品，供求必需相應，然後物價乃得其平。而於貨幣，尤爲重要。蓋貨幣爲價值之標準，交易之媒介，其數量之多少，直接影響於本身之購買力，間接卽影響於物價之高低。吾國前淸初鑄銅元時，對於此點，未能注意，以致逐年價格變遷。卽吾國歷代以來銅錢制度之紊亂，亦卽由於鑄造之過濫。當銅元初鑄時，數量甚少，故價值高出法定價二十枚。其後各省鑄幣廠，以其有利可圖，羣起鑄造，遂不旋踵而價反跌。光緒三十二年時，政府亦知各省競鑄，影響過大，令全國除廣東福州南京開封武昌五廠外，均令停鑄，並加以限制。初時，尙有效果，唯不及一年，五廠所鑄，均超出限度以外。共計一年以內，鑄出銅元四十二億之多；以是銅元重復落價。據統計所載，光緒三十年時，銅元鑄發總額，估計爲十六萬九千三百七十萬枚；次年，激增至七十五萬萬枚。是年年終時，計有銅元造幣廠十六處，分佈於十二行省，鑄幣機器，凡八百四十六架，若盡全力工作，每年可產銅元一百六十萬萬枚。宣統元年時，政府估計銅元流通價額，約値銀一萬萬兩。其濫發之情形，可以想見。民國產生，銅元發行愈多，價亦愈落，雖無確實統計可查，然估計一九〇〇——一九一七年，各造幣廠所鑄舊型銅元，當二十文者，有三八六，二九二，三〇八枚。當十文者，有三一，六八二，一〇二，三〇六枚。當五文者，有三七，九四二，五〇九枚。較近數字，天津一九二四年，鑄當二十銅元九二一，一四二，〇三七枚。當十銅元，一，四九三，一〇九枚。武昌一九二三年，鑄當二十銅元六〇五，五〇〇，〇〇〇枚。當十銅元，七〇九，四〇〇，〇〇〇枚。雖係今斷的統計，然以此數推計之，銅元鑄出之數，不可謂不多。無怪其價格之日趨下落也。濫鑄之原因，一方面由於銅元鑄造之利益甚厚，一方面則由於各省軍閥利用銅元增鑄，以爲籌款之方也。

(二)成色惡劣　成色惡劣，及重量之輕，亦爲銅元跌價之最大原因。銅元初鑄時，準庫平二錢二分。降而至二錢，遞減爲一錢八分，又減至一錢六分，一錢四分，一錢二分。據外人調查，舊型銅元，平均重量，爲七，一六四格蘭姆。新型銅元，爲六，六九一格蘭姆。新型銅元內，僅重五，二八五格蘭姆，至於成色上，則愈趨愈劣。銅元品質之惡劣，全由於各省各自爲政，鑄造不能統一，而主持省政者，又只圖厚利，不顧金融上之影響，亦何怪乎銅元實質面積重量之在在較前遞減也。

此外尙有其他原因，如私鑄之盛行，銅元之私運，交通不便，以致銅元流通遲緩，銅元之投機等，均爲銅元跌價之原因也。

銅元跌價之影響，第一可以擾亂金融。吾國國幣條例，原爲十進，卽一枚爲一分。現在銅元價落，遠超出於法定價範圍以外，無法維持。十進之制度，因以破壞。第二可以抬高物價，影響人民生計。銅元爲貨幣之一種，又爲吾國市面流行中極普通之一種，貨幣之購買力，與物價相爲因果，有極密切之關係，貨幣價格變動，物價卽隨之高下。近年來銅元價格下落如此之大，物價之漲高，及平民生活之艱難，可以想見。第三銅元價格變動，可以引起投機及操縱之弊端。

聞上海電車公司，自一九一九年以來，以銅元跌價之影響，其收入額因此所受之虧損，由是年之一一六，〇八九元，（是年年底估計）增至一九二六年之四，五五七，六四〇元。即由虧損額百分之二四，〇一，增至百分之六一，八〇。上海電車公司，爲銅元大宗收入之機關，其數字足爲銅元影響於工商業市面上之確證。唯此不過上海一埠中公司之一，其所受銅元跌價之影響，已如此其巨；若自全國設想之，其情形之惡劣，不亦至可驚歟。

# 第三編　紙幣

## 第一章　紙幣之起源

吾國紙幣之起源，有謂爲始於漢武帝時者。武帝元狩四年，創行白鹿皮幣，以白鹿皮方尺，緣以藻績，爲皮幣，値四十萬。王侯宗室朝覲聘享，必以皮幣薦璧，然後得行，似爲近代之紙幣制度。然自性質上嚴格言之，並非所謂紙幣，不過爲皮製貨幣之一種。白鹿皮本身，卽有價値，爲希有之物，與龜貝等幣，同一性質，唯幣材不同耳。至唐代時，始有飛錢之制度。飛錢始於憲宗時，（八〇六）商人至京時，預先委錢於京師諸道進奏院，及諸軍使，以輕裝趨四方，合劵取之，謂之飛錢。飛錢之制度，亦非紙幣之性質，蓋劵不過爲取錢之憑證，並非代表錢以流通，目的乃便利商民免於攜帶現錢，四方奔走，可謂爲匯票之性質也。

## 第二章　宋代之楮幣

（一）交子　紙幣之起源，可謂始於宋代之交子。當太祖開寶三年時，（九六五）置便錢務，許民輸錢京師，執劵至諸州，更換之，卽仿唐代飛錢之辦法，尚無所謂交子也。至眞宗時，張詠鎭蜀，蜀人患鐵錢太重，不便交易，始有交子之制度。其法以楮作劵，設質劑之法，分爲同文長短二片：長曰質，短曰劑。一交一緡，以三年爲一界，而換之。六十五年，爲二十二界。卽最長之期限，爲二十二界，六十五年。初辦時，由富民十六戶，主持其事，爲私人經營之制度。由十六戶富戶發行，其後富民貲稍衰，不能償所負，屢涉爭訟。至仁宗時，轉運使薛田張若谷，請置益州交子務，以榷其出入。私造者，禁之。界以百二十五萬六千三百四十緡爲額。每一界，有準備金三十六萬緡。於是交子之發行，由私人而變爲官辦。交子創行以後，神宗熙寧二年，置交子務於潞州。四年，復行於陝西，均不久卽罷。神宗五年，交子二十二界將易，而後界給用已多，不能收兌，乃更造二十五界，交子一百二十五萬，以償二十三界之數。交子始有兩界之名，哲宗紹聖以後，交子界率增造，以供陝西沿邊糴買及募兵之用。少者，數十萬緡，多者或至數百萬緡。而成都乏用，又請印造。每歲發行，毫無定數，準備金，復不充足，發行額益增多，交子之價，日趨下落矣。

(二)錢引　繼交子而起者，則爲錢引。大觀元年，改四川交子爲錢引，蓋自採用交子以助征西夏之兵費以後，其額極濫，較天聖一界，逾二十倍，價格下落。至第二界時，新交子與舊交子之價，爲一與四之比。即新交子一可換舊交子四。故爲救濟計，乃改爲錢引，四川交子務，改爲錢引務。以四十三界爲始，引準書放數，仍用舊印行之，使人不相疑擾。自後，並更爲錢引。

(三)鹽券鹽鈔　鹽券鹽鈔，均輸物爲償鹽之券，起於仁宗用兵寧夏之時。其時，夏元昊反，聚兵西鄙，聽人民輸芻粟及他貨者，予以券，趨京師榷貨務交錢。若金銀入中，他貨予券，償以池鹽。凡羽毛筋角鐵炭瓦木之類，咸以鹽易之。有輸椽木二根，給鹽一大席者。至范祥任解鹽時，始禁芻粟及他貨者，令商人改輸錢。視州軍遠兵及所指東西南鹽，第優其值，授以要券，即鹽池驗券，按數給鹽。熙寧初，以邊費錢十萬緡，儲永興軍，爲鹽鈔本，繼又增二十萬。自熙寧十年，至元豐三年，所給之鈔，已一百七十七萬餘席。而鹽池所出僅一百十七萬五千餘席。以是其價，亦趨下落矣。鹽鈔有二種：顆鹽鈔，行於陝西；末鹽鈔，行於江淮。

(四)關子　關子，爲南宋時紙幣之一。發行於高宗紹興元年。其時，屯兵婺州，以交通不便，錢重難致，乃儲現錢，造關子，付婺州，召商人入都中，執關子於榷貨務，請錢。願得茶鹽香貨鈔引者，聽之。關子有二種：一爲公據關子，印行於二十九年，付三路總領所淮西湖廣關子，各八十萬緡，淮東公據四十萬緡，皆自十千至百千，凡五等，行使二年，一爲內關子，作三年行使；咸淳四年，以近頒見錢，官子貫作七百七十文，足十八界，每道作二百五十七文，足三道，準關子一貫，同見錢行使。七年，又以紙局所造關子，紙不精，命四川造鈔輸送。每歲以二千萬作四綱。

又有所謂銀關，及公田關子者，均爲理宗時，賈似道所置。銀關始於景定五年。其制上有一黑印，如西字，中三紅印相連，如目字，下兩旁各一小長黑印。

（五）會子　會子，爲南宋時流行最廣之一種紙幣。初發行於紹興三十年。其時戶部侍郎錢端禮督造會子，儲見錢於城內外，流轉換會子。當時會紙，取於徽池，續造於成都，復造於臨安。會子初行於兩浙，繼乃通行於淮浙湖北京西等處，用途甚廣。凡路不通舟處上供等錢，許盡用會子輸納。沿流州軍，則錢及會子各半。民間典賣田宅牛馬車船等項，全用會子，或錢會各半，均可，即等於現錢之使用。孝宗隆興時，除更造五百文會子外，又造三百文二百文者。置江州會子務。

會子之制度，亦分界收回。乾道三年，以民間會子破壞，另造五百萬換給。而破會子中，印文數目，可驗識者，亦許作上供錢，入輸。禁止巨室以低價收買。定三年爲一界，每界千萬貫，隨界造新換舊。後慶元元年，改以三千萬貫爲額。

會子初行時，信用尙佳，發新換舊，亦能實行，僞造之禁，亦嚴，唯行之數年，弊竇百出。新會發行，而舊會不收回焚毀，以致會子愈發愈多，而僞造者，又不知若干，以是會子之價，仍不能維持也。

此外有小會者，曾擬行於寧宗開禧末年，爲餉臣陳咸所建議，唯未能行使。又有鐵錢會子，與元府，金洋州用之，創自隆興元年，分三百，二百，一百，三等，每二年印給二百四十萬緡。

(六)關外銀會子　關外銀會子，紹興七年始置於河池。其法分一錢半錢兩種：凡一錢銀會子，十四萬紙，四紙折錢引一貫。半錢銀會子一萬紙；每八紙折錢引一貫。初時僅行於魚關及階成岷鳳興來六州，歲一易其錢。後復造於大安軍再歲一易。又行於文州。乾道時，一錢者，增至三萬紙。

(七)淮交　淮交，卽兩淮交子。紹興時，會子未有兩淮湖廣之分。後會子太多，本錢不足，於乾道時，別印二百三百五百一貫交子三百萬，專行使於兩淮，始有淮交之名。其舊會子，聽對易。凡入輸買賣並以交子及錢中半。

(八)湖廣會子　亦名湖會。孝宗隆興元年，置大軍庫儲現錢，印造五百至一貫會子，發付襄郢等處。軍前行用，當現錢流通。

(九)茶引　茶引卽茶劵，與鹽鈔性質略同。太宗雍熙以後，累次用兵，餉糈困難，乃令商人輸芻粟糧草塞下，予以要劵，至京師，給以緡錢。又移文江淮荊湖給以茶，又令商人先輸金帛於京師，及折搏務者，悉償以茶。

## 第三章　金朝之紙幣

金朝之紙幣，行於貞元二年。（一一五一）其時仿宋交子之制度，行鈔引法。設印造鈔引庫，及交鈔庫，皆設使副判各一員，都監二員，交鈔庫使，則專主書押搭印合同之事。所發行之交鈔，有二種：一種爲大鈔，以貫爲單位，分一貫，二貫，三貫，五貫，十貫，五等；一種爲小鈔，以百爲單位，分一百，二百，三百，五百，七百，五等。與錢並行，以七年爲限，納舊易新，與宋四川交子之法，全同，唯界期略爲長久耳。其後七年之制，又改爲無限期，令民間得永遠流通。設年久字文磨滅，則可於所在官庫，納舊券換取新鈔，或兌取現錢，亦可，其制度又略變更，已近於近代之紙幣制度矣。

交鈔之式，爲直形，外爲闌，作花紋，其上橫書貫例，左曰某字料，右曰某字號。料號外，篆書曰僞造交鈔者斬，告捕者賞錢三百貫。料號橫闌下，曰中都交鈔交鈔庫，准尙書戶部符，承都堂劄付戶部覆點勘令史姓名押字等等。此爲大定時式樣。金初鈔式，略有不同。交鈔行後，四十餘年，交鈔多於現錢，遂令陝西路租稅，及諸名色錢，咸折交鈔，官俸兵餉則錢絹鈔各半支付。若銀錢數目小者，即全給交鈔。更設四庫，專造小鈔，付諸路行用，以代大鈔。交鈔行後，凡舊鈔易新鈔者，每貫取工墨錢十五文。本定二十三年，不拘貫例，每張收八文，承安二年時，改爲一律收十二文，至泰和五年，欲罷工墨錢，後以印費頗巨，遂命一貫酌收六文。

金代交鈔之名目，於承安三年時，有一百例小鈔，並許官庫易錢一貫二貫例，並支小鈔三貫例則支銀一兩，小鈔一貫，若五貫，十貫例則四分支小鈔，六分支銀。至宣宗貞祐二年，（一二一四）以交鈔輕，思有以重之，乃更作二十貫至百貫例交鈔，又造二百貫，至千貫例交鈔，票面額，由是益大。然鈔法之慣例，初行時，雖重，不數年即輕。加增票面額，絕非根本之辦法，以是鈔愈重而流行愈滯。

交鈔於貞祐三年時，改名爲貞祐寶券。四年，又議更造交鈔，定名爲貞祐通寶。

自百至三千，等之為十，聽各路轉運司印造，仍不得過五千貫，與舊券參合行使。唯至興定元年，（一二一七）始詔行之。貞祐通寶之印行，原為救濟寶券之弊，唯不及五年，蝕價如故，一如交鈔寶券初時為通寶四貫，當銀一兩，至興定五年時，已落至八百餘貫。於是更造興定寶泉，與通寶兼行，每貫當通寶四百貫，以二貫為銀一兩，隨處置庫，許人以通寶易之。元光二年，又更造元光珍貨，每貫當通寶五千，以綾製成，同銀鈔及餘鈔行之。

此外又有所謂桑皮故紙錢者，行於興定元年。是年五月，以鈔法屢變，隨出隨壞，製紙之桑皮，皆取於民，至是又甚艱得，遂令計價，但徵寶券。通寶名曰，桑皮故紙錢。金末天興二年，又印天興寶會於蔡州，自一錢至四錢四等。同現銀流轉，此金代之鈔法也。

## 第四章　元代之鈔法

元代爲吾國有史以來紙幣最盛行之時代，民間流行者，除元寶銀兩外，幾全爲鈔幣。票面額，自數文以至幾貫幾兩，均有，不論數目大小，均有鈔幣，以貲行使，銅錢不多見也。鈔之種類：有絲鈔，錢鈔，銀鈔，三種。錢鈔內，有交鈔中統元寶鈔，釐鈔，至元寶鈔，至正交鈔等名目。銀鈔，有中統銀貨，至大銀鈔等名目。考元初未入主中國時，據元史食貨志所載，已倣唐代飛錢，宋代交會，金代交鈔之成法，有行用鈔一種，唯制度無文籍可考。可見元初，即有鈔法。至世祖中統元年，(一二六〇)始造交鈔，以絲爲本，又謂之絲鈔，每銀五十兩，易絲鈔一千兩。諸物之直，並從絲例。是年十月，又造中統元寶鈔，分當幾十文，幾百文，幾貫文，三類。以十計者，有一十文，二十文，三十文，五十文，四種。以百計者，有一百文，二百文，五百文，三種。以貫計者，有一貫，二貫，二種。每一貫同交鈔一兩，兩貫同白銀一兩。同時，又採錢銀相輔而行之貨幣制度，印製銀鈔一種，名曰中統銀貨，分一兩，二兩，三兩，五兩，十兩，五等，以文綾織成，其價格每十兩同白銀一兩。至元十二年，添造釐鈔，其例有三：曰二文，三文，五文。十五年，以其不便，命停止印造。初鈔用木爲板，後鑄銅易之，蓋已漸趨進步矣。至元二十四年，又改造至元寶鈔，自二貫至五文，共分十一等，與中統鈔通行，每一貫當中統鈔五貫。立僞造鈔幣之法。

武宗至大二年，又以物重鈔輕，改造至大銀鈔，自二兩至二釐，定爲十三等，每一兩，準至元鈔五貫，白銀一兩，赤金一錢，考是時各種鈔幣之法定價格，至元鈔，五倍於中統鈔。至大銀鈔，又五倍於至元鈔。卽至大銀鈔，可換中統鈔，二十五倍矣。順帝至正十年，又定更鈔之議，詔以中統交鈔一貫文，權銅錢一千文，準至元寶鈔二貫。十一年，又印造交鈔，令民間通用，唯發行更濫，價蝕愈甚，不及三數年，物價騰踴，已逾十倍。交鈔已視爲斂楮，無復貨幣之價值矣。

元時鈔之昏爛者，於至元二年，亦委官就交鈔庫，以新鈔倒換，除工墨錢三十文。三年，減爲二十文。二十二年，又增復如故。收回舊鈔，令解赴各省焚毀。

# 第五章　明代之寶鈔

明代承元之舊習，人民商賈，多沿用交鈔，不便用錢。以是洪武七年，（一三七四）卽設寶鈔提舉司，舉行鈔法。八年，詔中書省造大明寶鈔。命民間通行。以桑穰爲料。其式方，高一尺，廣六寸，質青色，外爲橫文花欄，橫題其額曰大明通行寶鈔。其內上兩邊，復爲篆文八字曰：「大明寶鈔，天下通行。」中畫錢貫十串之圖形，爲一貫。其下云：「中書省奏準印造大明寶鈔與銅錢通行使用，僞造者斬。告捕者，賞銀二十五兩，仍給犯人財產。」若鈔面額，爲五百文，則所畫錢文圖，爲五串。餘如其制，而遞減之。其時，鈔票式樣，大概如此。後永樂時，有曾請更鈔板，篆文，爲永樂者，帝命仍其舊。自後，終明世，皆用洪武年號。以是明代寶鈔，亦僅有大明寶鈔一種，鮮有變更。所略更改者，則爲洪武十三年時，改寶鈔文「中書省」三字，爲「戶部」二字而已。

寶鈔票面額，共分一貫，五百文，四百文，三百文，二百文，一百文，六種。每鈔一貫，準錢千文，銀一兩，四貫，準黃金一兩。其後二十二年，更造小鈔，相輔而行。自十文，至五十文，此後未見其他寶鈔。

寶鈔初行時，原屬於中書省，至十三年時，中書省廢，乃以造鈔屬戶部。鑄錢屬工部。自是寶鈔歸戶部所管。十五年，置戶部寶鈔廣源庫廣惠庫，入則廣源掌之，出則廣惠掌之。即廣源掌舊鈔之收回，廣惠掌新鈔之發行意也。

寶鈔於明代，行使甚廣，亦不及元代之濫。銀鈔，銅錢，均一律通用，洪武時，商稅即錢鈔兼收，錢占其三，而鈔占其七。十三年，以鈔用久昏爛，設立「倒鈔法，」令所在置行用庫，許軍民商賈，以昏鈔納庫，易新鈔。量收工墨錢若干。十五年，又令在外衛所軍士月鹽皆給鈔，各鹽場給工本鈔。十八年，天下有司官祿米，皆給鈔。凡二貫五百文，準米一石折算。二十四年，又令榷稅官吏，凡鈔有字貫可辨識者，不問爛損，即收受解京。二十五年，設寶鈔行用庫於東市，凡三庫，各給鈔三萬錠爲鈔本，倒收舊鈔，送內府，令大明寶鈔與歷代錢兼行，一貫準錢千文。提舉司，於三月印造，十月內止，所造鈔，送內府充賞賚。二十六年，罷行用局。

明代寶鈔行後，兩浙江西閩廣人民，重錢輕鈔。洪武末年，有私以錢百六十文折鈔一貫者，以是物價翔貴，而出鈔太多，鈔價益輕。雖曾嚴禁使用金銀，以利鈔法，然鈔值仍不能起。至英宗時，弛用銀之禁，朝野均相用銀，寶鈔更不值一錢。鈔法遂無形中廢止矣。

## 第六章　清代之紙幣

清代之紙幣，可分爲清初與清末兩時期。蓋清代中葉，如康，雍，乾，嘉，四朝，均以銀爲主幣，而輔之以銅錢，鈔票幾不可見。清初入關時，民間流通之明代鈔幣，已不多有，唯以國用不足，於順治七年（一六五〇）時，又行鈔貫之制。造鈔一十二萬八千一百七十二貫有奇。自後每歲以此爲額。後以宋元明鈔之法，弊端極大，擾民殊甚，於十八年時，卽行停止。自是以後，歷一百九十年，直至咸豐二年（一八五二）時，始復有紙幣之發行。雖其中有提議刊用楮幣者，然卒未能實行。咸豐初年，發生內亂，頻年用兵，用度浩繁，無法應付，於是始發行銀票，錢票二種：銀票分一百兩，八十兩，五十兩三種，名曰官票，令提各省當雜各商生息帑本，及現存未買各價銀兩，而給以銀票。錢票卽錢鈔於京城內外，招商設立官銀錢號，由庫發給成本銀兩，並戶工兩局，交庫卯錢，以爲票本。凡戶部月放現款，一概改給錢票，在官號支取，使現錢與錢票相輔而行。地丁雜稅及一切解部款項，均可用錢鈔五成，以鈔二千抵銀一兩，爲現代紙幣制度之嚆矢。自是以後，鈔票發行漸多，公立機關之發行者，則有戶部銀行，（後改大清銀行）各省官銀鈔局，私立機關之發行者，則有各省之私立錢莊，錢號，普通商業銀行，及在華外國銀行，亦已漸次設立，亦取得發行鈔票之自由權。唯鈔票發行雖多，然制度較前完備，監督準備，亦頗合法，故不比元明以前，鈔票流弊之甚也。

戶部銀行，設於清光緒三十年正月，爲吾國中央銀行之起源，故所發行之鈔票，亦爲吾國中央銀行發行鈔幣之嚆矢。當戶部奏請由部試辦銀行時，即謂外國發行紙幣，爲國家銀行獨得之權，誠信素孚，勝於金銀現幣，中國紙幣，必須極力設法，以取信於商民等語。故當時，於銀行章程三十二條，內卽擬有紙幣發行之規則數條，如左：

(章程內第二十條)本行擬印紙幣，分庫平銀一百兩，五十兩，十兩，五兩，一兩五種通行，銀圓票亦如之。此外因便利商民起見，亦可出市面通用平色及百兩以上銀兩等票，以及各種票據。

(第二十一條)本行分設省分，卽爲本行權力所及之處，凡本行紙幣公私出入款項，均准一律通用；應繳一切庫款官款，均准以此紙幣照繳或全用或搭用，與現銀無異。各該省如有解部款項，並准一體解兌。如有官吏商民人等，故意挑剔折扣者，京師稟知財政處戶部，外省稟知該省督撫，從嚴參辦。

(第二十二條)戶部出入款項，均可由本行辦理。凡有可以票幣收發者，均須用本行紙幣，其他商號之票，不得攙用。

(第二十三條)有持本行紙幣，至總行分行兌換現銀者，均即登時兌給，不得稍有遲延。凡紙幣通行各省兌換數目，均照匯豐等銀行折算章程辦理。

上列各條，雖疏泛之處甚多，如準備金等，均未計及，然較以前之制度，則頗有進步。應發行之鈔幣，爲銀兩票，及銀元票，各分百兩，百元，五十兩，五十元，十兩，十元，五兩，五元，一兩，一元，五種。至三十一年，又略有修正。紙幣數目，至少須有現金準備十分之三，其餘以公債票及各項產業作抵。戶部銀行，於三十一年七月於北京天津上海三處開辦。北京鈔票，即於是年九月，首先發行。

戶部銀行，於光緒三十四年，改辦大清銀行。以前章程作廢。發行之銀兩，銀元鈔票，在新紙幣未發行之前，仍能照舊行使。三十四年，奏定大清銀行則例內：大清銀行，有代理國家發行紙幣之權，但須遵守兌換紙幣則例。則例未頒以前，准暫發行市面通用銀票。宣統二年，五月，兌換紙幣則例擬定，規定條例十九條：定紙幣名稱，爲「大清銀行兌換劵」。（第一條）準備金須儲現款五成，其餘亦須爲確實之有價證劵。（第三條）大清銀行，並須每日將收發存留流通各項紙幣數目，及準備金數目，製爲簡表，並於每星期每月每季每年編製各種平均總表，呈報度支部查核。並將每星期與日流通紙幣總數，及準備金數目，刊登官報。（第九條）並設有監理官，以監察檢查發行紙幣事項。（第十條）

大清銀行發行之兌換劵，有銀兩票，銀元票，錢票，三種。唯其銀兩成色不一，銀元種類繁多，以是各地分行所出之兌換劵，均註明某處通用。錢票發行者，僅有北京之阜通東南兩號，及濟南大清銀行分行。紙幣所印行者，爲一元，五元，十元，五十元，百元五種，及銀兩票一兩，五兩，十兩，五十兩，百兩五種。紙幣發行，自光緒三十一年起，至宣統三年閏六月止，各地大清銀行總分行銀兩票，爲五，四三八，九一〇兩。銀元票，爲一二，四五九，九〇七元。

與戶部銀行大清銀行兌換劵，同時行使者，尚有各省官銀錢號發行之鈔票。官銀錢號於咸豐二年時，即已設立，當時目的，即爲推行銀錢票之機關。至光緒末年時，各省之設立官銀錢號者，幾徧全國，且有一省設立數機關者。其發行之鈔幣，大部爲直式，書明某某官銀錢號發行，式樣極不一致，政府亦不聞有規定之辦法，聽其自然，準備金本位單位尤不一律，發行者，有銀兩票，銀元票，制錢票，銅元票等等。

此種鈔票，至清宣統三年，清亡時，尚照常行使，流通額亦極多。玆將各大官銀錢號鈔票在外流通之數目至清亡時止，統計於左：

| 官銀錢號名 | 統計時期 | 銀兩票(兩) | 銀元票(元) | 銅元票(串) | 制錢票(串) |
|---|---|---|---|---|---|
| 天津官銀號 | 鼎革後 | 一，二〇〇 | 四，八〇〇 | 三，〇〇〇 | |
| 河南豫泉官銀局 | 宣統三年 | 一，七〇〇，〇〇〇 | 二〇，六〇〇 | | 三〇〇，〇〇〇 |
| 福建官錢局 | 民國元年 | | 台伏票四〇〇，〇〇〇 | | |

| | | | | | |
|---|---|---|---|---|---|
| 湖北官錢局 | 清末 | | 一，六〇〇，〇〇〇 | | 一七，〇〇〇，〇〇〇 |
| 湖南官錢局 | | 二，〇三七，六〇〇 | 三七五，七〇〇 | 四，八〇〇，〇〇〇串 | |

發行之票面額，各有不同：有分爲一兩三兩五兩十兩二十兩五十兩六等，及錢票一吊二吊三吊五吊十吊五十吊一百吊七等者。（廣信公司）有分爲一元二元三元五元十元二十元三十元一百元一千元九等者。（福建之台伏票如是，台伏票即銀元票）亦有分爲一元五元十元之銀元票，十兩之銀票，及一串文五串文十串文之錢票者。（湖北）此項鈔票，信用尙佳，於各省流通極廣，勢力極大。前清時，民間交易授受，幾全以此爲主要幣矣。

除官設銀行銀錢局發行之鈔票外，前清時設立之商業銀行，如中國通商銀行，（光緖二十三年設立）浙江興業銀行，（光緖三十四年設立）四明商業銀行，（光緖三十四年設立）北洋保商銀行，均獲有發行鈔票之特許權。發行兌換劵，流通市面，劵面單位，大都爲銀元一種，分一元二元五元十元五十元各種。各行發行數額，宣統三年（清亡時）止，中國通商銀行爲一百五十萬元。浙江興業銀行發行數，爲一十九萬七千餘元。他如外國銀行，於清季末年，亦紛紛設立於天津上海等處，亦自由發行兌換券。如麥加利銀行，（咸豐三年立）匯豐銀行，（同治三年創設）發行銀元銀兩鈔票，通行於香港上海廣州北京天津漢口福州等地。花旗銀行（光緒二十七年設立）亦設分行於北京上海漢口廣州等通商地點，亦發行一元五元十元五十元百元之鈔劵。唯流通數，不及麥加利匯豐銀行之多耳。此外普通商店行號，亦有私出鈔劵者，爲一種期票式。於年底或其他時期兌現，流通極多。

# 第七章　現代之紙幣

## （一）紙幣之整理及其發行制度

吾國之紙幣制度，自宋代之交子會子，以迄明代之寶鈔，無日不在紊亂紛擾之中。價值不數年，卽一落千丈，無法可以維持。淸初鈔貫，以不久卽廢，爲數不多，尙無大弊。自咸豐以後，紙幣發行頗多，種類複雜，唯以政府方面，定有條例，雖未能盡臻完備，然尙可以維持一時之蝕價，較之元明時代之紙幣，相去遠矣。民國成立，對於紙幣之整理統一，認爲唯一之急務，故於二年一月，卽限制各官商銀錢號發行各種鈔票。訂定條例數項，其最要者，爲：

一、發行總額，不得超過資本金總額十分之六。

二、各銀號欲取得紙幣發行權者，必須呈繳財政部發行之公債證書於財部，發行額不得超過證書之總額。

三、對於發行額，須有四分之一以上之現金準備，準備金須存儲於中央銀行。

同時，對於舊有流行之各項鈔票，亦定有收回之辦法。規定各銀行於財政部規定之紙幣條例公布後，三個月內，將紙幣總額呈報，並須先繳紙幣發行總額三分之一之政府公債證書。一面向財政領取同額之紙幣。收納紙幣後，三個月內，卽須收回舊紙幣三分之一。一年以內，須將餘剩三分之二舊紙幣全數收回。

民國四年，又議整理紙幣。是年十月二十日，批准取締紙幣法規九條公布：

一、凡官商銀錢行號，發行紙幣，除中國銀行外，均須依照本條例辦理。凡印刷或繕寫之紙票數目成整，不載支收人名，及支付時期，憑票兌換銀兩銀元銅元制錢者，本條例概認爲紙幣。

二、本條例施行後，凡新設之銀錢行號，或現已設立向未發行紙幣者，皆不得發行。

三、本條例施行以前，業經設立之銀錢行號，有特別條例之規定，准其發行紙幣者，於營業年限內，仍准發行，限滿應即全數收回。無特別條例規定者，自本條例施行之日起，以最近三個月平均數目爲限，不得增發，並由財政部酌定期限，分飭陸續收回。

四、各銀錢行號，遵照本條例第三條發行之紙幣，至少須以五成現款準備兌現，其餘五成，准以公債票及確實之商業證劵作爲保證準備，其有特別情形，暫時未能依照前項規定者，須呈明財政部核辦。

五、發行紙幣之銀錢行號，應每月製成發行數目報告表，現款及保證準備報告表，呈報財政部，或呈由該管官廳轉報財政部。

六、發行紙幣之銀錢行號，由財政部隨時派員，或託他機關檢查其發行之數目，準備之現款及保證品，以及有關係之各種賬册單據。

七、各銀錢行號違反第二條第三條第四條之規定者，應科以五百元以上五千以下之罰金；其有發行權者，並取消其發行權。

八、發行紙幣之銀錢行號，違反第五條之規定，並不遵造報告，或報告不實者，應科以五十元以上，五百元以下之罰金。違反第六條之規定，拒絕檢查者，應科以一百元以上，一千元以下之罰金。

九、本條例自公布之日起施行。

上列條例，並未實行。民國九年，財政部以各省官銀錢號，任意發行，濫無限制，貽毒閭閻，爲害匪淺，又將條例修正，共十四條，唯亦未能實行也。

紙幣發行之制度，據歐美各國成例，可分爲單一銀行發行制，與多數銀行發行制兩種：單一銀行發行制，其發行權，專屬於中央銀行，其他不得有此特權；多數銀行發行制，其發行權屬於多數銀行。凡欲得發行權者，只須按照所規定之條例，即可。吾國在清代以前，鈔券散漫，固無制度之可言。即在民國時代，鈔券已歸銀行官銀錢號發行，亦無確定之制度。唯據二年九年之整理紙幣條例觀之，各地官銀錢號，限令將舊紙幣收回，似已採單一發行之制度。唯自事實上觀之，則自民六以後，所設立之各種特種銀行，普通銀行，中外合辦銀行，陸續取得紙幣之發行權者，蓋已數見不鮮。又似已採取多數銀行發行之辦法。考其內容，蓋吾國清末以來，紙幣發行之機關甚多。各種紙幣，流通極廣，驟然改革，良非易事。唯制度一日不能確定，紙幣一日無法整理。規定制度，爲刻不可緩之圖也。

當民國八年時，政府曾制定銀行公庫兌換券條例，凡十二條。規定由各地方銀行公會組織之公庫發行，並擬先從津滬漢三地首先設立公庫，唯未實行。至民國十二年十二月，幣制局又有設立公庫之提議，以備紙幣發行權之統一。公庫之制度，最要者如下：

一、由各地銀行公會聯合組織公庫爲發行機關，凡與有領劵資格之銀行，均得按照條例規定領劵。

二、此劵全國可以一律通用，不載發行地名，但規定若干處爲兌現地點。

三、準備金七成爲現金，三成爲公債及商業有價證劵。

四、準備金由公庫經理保管，政府監督，商會檢查。

五、發行數流通數及準備金數，每星期由公庫分別報告，每月作總報告。

六、中交兩行仍得繼續發行，其他銀行，則取消其發行權，舊劵限期收回。

七、此制實行後，無論何種銀行，均不得再許其有發行權。

公庫制度爲救濟已有發行權銀行，及統一紙幣制度之良好辦法，唯以進行阻礙尙多迄今未能見諸實行耳。

## (二)兌換券之發行

現時吾國市面流通之紙幣，種類尚多，自其發行機關分別之，則有下列六種：

(一)國家銀行兌換券　吾國之國家銀行，爲中國銀行，交通銀行，及最近成立之中央銀行。在中央銀行鈔券制度，未發展以前，現時之國家銀行兌換券，則爲中交兩行鈔票，吾國全國流通最廣之鈔票，亦以此二種爲最。中國銀行，承大清銀行之後，於民國元年成立。當時即特許發行紙幣，通行全國，凡完納各省地丁錢粮鹽金關稅各項官俸軍餉一切官款出納，及商民交易，均以此券通行。所發行之鈔券，有銀元票，銅元票，輔幣券，三種。銀元票，有一元五元十元二十元各種。銅元票已發行者，有北京河南南京江西張家口等各分行。輔幣券，於民國九年發行於吉林黑龍江分五分一角二角五角四種。於民國十二年，發行於青島，分一角二角五角三種。於民國十三年，發行於淸江浦，分一角二角五角三種。於民國十五年十二月一日，發行於上海，分一角二角五角三種。均以十角，當大洋一元，信用甚佳，流通便利。

交通銀行，於民國五年，亦奉令與中國銀行，同爲國家銀行，享有發行兌換券之特權，發行各種銀元及輔幣券。銀元券，分一百元五十元十元五元一元五種。輔幣券，發行種類地點，與中國銀行同。唯十五年上海所發行者，僅有一角二角兩種。交通銀行之兌換券，發行制度，於民國十二年時改革，採用總分庫制度，爲集中準備便利調撥起見，將交行發行地點，劃分五區，每區設發行總庫一所：第一區以天津爲總庫，凡北京天津濟南烟台張家口歸綏等地，兌換券屬之。第二區總庫，設於上海，凡上海江蘇安徽各地兌換券均屬之。第三區總庫，設於漢口，凡湖北河南等地兌換券屬之。第四區總庫，設於奉天，奉天小洋券皆屬之。第五區總庫，設於哈爾濱，哈爾濱黑河一帶兌換券，皆屬之。

中交兩行鈔票，均印有上海天津北京等地字樣。故不能全國行使，均須折水。

(二)特種銀行發行兌換券　特種銀行之取得紙幣發行權者，頗多，如殖邊銀行，設立於民國三年。農商銀行，設立於民國九年。邊業銀行，勸業銀行，蒙藏銀行，均取得鈔票發行權。所發行者，爲銀元票。財政部平市官錢局，於民國三年，設於保定，五年設於北京天津等處，亦呈准發行銅元票：分十枚二十枚四十枚五十枚百枚各種。鈔券初發行時，信用尙佳，至民國十二年時，以發行過多，準備侵蝕，券價一落千丈，結果至一文不值，收回焚燬。至是時，北平一地，亦無此種銅元券之流通矣。

(三)商業銀行發行兌換券　普通商業銀行，有於民國三四年時收回舊券領用中國銀行兌換券者，有本行發行兌換券者。浙江興業銀行，於民國四年改領用中國銀行兌換券，於民國十一年復經幣制局批准，繼續發行，製定一元五元十元各種鈔票。四明商業銀行，於民國四年，取締紙幣以後，漸次收縮，近年以來，又繼續發行，市面常有流通。中南銀行兌換券，則爲四行聯合發行。(中南，鹽業，金城，大陸，）由四行設立準備庫，以堅固鈔票之信用。故中南之鈔票，市面極多，與中交並駕齊驅，信用亦著。商業銀行，所發行之紙幣，有銀元票，銅元券等數種。

（四）省銀行發行之鈔券　省銀行，大多爲前清時，各省官銀錢局所改設，或民國初新設立以爲各省之金庫者。省官銀錢局，於清末時，占鈔券發行之勢力，券額極多，流通極廣。民國成立，仍沿其舊，繼續發行。故民國十年以前，此項省銀行之兌換券，流行尙多。近年來，以中交銀行，及各項鈔票甚多，故省銀行鈔票，已漸次收縮，不多見矣。

（五）中外合辦銀行兌換券　吾國中外合辦銀行內，特許發行兌換券者，以華俄道勝銀行爲嚆矢。民國以來，中外合辦銀行之有發行兌換券權者，爲中法實業銀行，中華匯業銀行，中華懋業銀行，華威銀行等。

（六）在華外國銀行　在華外國銀行之發行鈔票者，有匯豐銀行，麥加利銀行，花旗銀行等。在清末及民國初年，極占勢力。其後華商銀行之鈔票，漸次興起，以是逐漸衰退。現時北京天津上海各埠，此種銀行之鈔票，流通甚多。其他如東方匯理銀行，前清發行額頗多，現時除雲南外，市面上已不見其蹤跡。橫濱正金銀行鈔票，則多流行於東三省一帶。唯近年來採收縮主義，鈔票之流通者，已不如以前之多矣。

## 重要參考書

九通
圖書集成
泉幣圖說
洪遵泉志
二十四史食貨志
唐六典

顧炎武日知錄
許楣鈔幣通論
策學備纂
古今錢略
民國財政史
資治通鑑
張氏中華貨幣史
上海銀行內國匯兌要覽
中國今日之貨幣問題
廢兩改元問題
上海金融史
中國紙幣史

東方雜誌

銀行週報

銀行月刊

日本加藤繁唐宋時代之金銀研究

日本支那經濟地理誌制度編

中國年鑑第一回

Edward Kann—Currencies in China

其他古書